NIKOLAAS SINTOBIN

Aprender a discernir

na escola de Santo Inácio de Loyola

TRADUÇÃO
Benno Brod, SJ

Edições Loyola

Título original:
Learning to discern – Heart, mind and will
© Nikolaas Sintobin, SJ

Dados Internacionais de Catalogação na Publicação (CIP)
(Câmara Brasileira do Livro, SP, Brasil)

Sintobin, Nikolaas
  Aprender a discernir : na escola de Santo Inácio de Loyola / Nikolaas Sintobin ; tradução Benno Brod -- São Paulo, SP : Edições Loyola, 2022.

  Título original: Learning to discern : Heart, mind and will.
  ISBN 978-65-5504-213-9

  1. Discernimento (Teologia cristã) 2. Inácio, de Loyola, Santo, 1491-1556. Exercícios espirituais I. Título.

22-132074   CDD-248.3

Índices para catálogo sistemático:
1. Inácio, de Loyola, Santo : Exercícios espirituais :
   Cristianismo   248.3

Eliete Marques da Silva - Bibliotecária - CRB-8/9380

Capa e diagramação: Ronaldo Hideo Inoue
Composição a partir de montagem das imagens de © garikprost, © pfluegler photo e © Lucky Creative's. © Adobe Stock. No detalhe, ilustração de Santo Inácio de Loyola, de Daniel Seghers (1590-1661). © Wikimedia Commons. Na contracapa, Monumento e Santuário de Santo Inácio de Loyola em Azpeitia, Espanha. Imagem de © poliki. © Adobe Stock.
Ilustração do autor de Paris Selinas.
Ilustrações: Paris Selinas
Revisão técnica: Danilo Mondoni, SJ
Revisão: Carolina Rubira

Edições Loyola Jesuítas
Rua 1822 nº 341 – Ipiranga
04216-000 São Paulo, SP
T 55 11 3385 8500/8501, 2063 4275
editorial@loyola.com.br
vendas@loyola.com.br
www.loyola.com.br

Todos os direitos reservados. Nenhuma parte desta obra pode ser reproduzida ou transmitida por qualquer forma e/ou quaisquer meios (eletrônico ou mecânico, incluindo fotocópia e gravação) ou arquivada em qualquer sistema ou banco de dados sem permissão escrita da Editora.

ISBN 978-65-5504-213-9

© EDIÇÕES LOYOLA, São Paulo, Brasil, 2022

106858

Aprender a discernir

na escola de
Santo Inácio de Loyola

SUMÁRIO

POR QUE ESCREVI ESTE LIVRO?
15

INTRODUÇÃO
19

- **Intuição** 21
- **Suspeita** 22
- **O coração, a inteligência e a vontade** 22
- **Inácio de Loyola** 24

DISCERNIR: UM MANUAL
25

1. **Condições prévias** 27
   a. Formar a sensibilidade 27
      - OS SENTIMENTOS SÃO INFLUENCIÁVEIS 27
      - O MESTRE DO CORAÇÃO 28
   b. Preparar o "dossiê" com a inteligência 29
   c. Aprender a escutar o que se passa no coração 31
      - RELER 31
      - OS SENTIMENTOS, MAIS QUE FATOS 32
2. **O discernimento propriamente dito** 33
   a. Deixar acontecer: o desafio da disponibilidade interior 33
      - JÁ DECIDIDO DE ANTEMÃO 33
      - TER CORAGEM DE NÃO SABER 34
      - COELHOS BRANCOS 35

- b. A alegria como bússola 37
  - A ATRAÇÃO DOS SENTIMENTOS NEGATIVOS 37
  - ATENÇÃO PREFERENCIAL À ALEGRIA 38
  - MAIS ILUMINAÇÃO DEIXA MENOS LUGAR À SOMBRA 38
  - O TABU DOS SENTIMENTOS DESAGRADÁVEIS 40
  - O EFEITO DA DEPENDÊNCIA DOS SENTIMENTOS NEGATIVOS ... 41
  - O DESEJO DO DESEJO 42
  - O OBJETIVO FINAL 42
- c. Agora e sempre 43
  - SEM GARANTIA DE REPOUSO PERMANENTE 44
  - DORES DE CRESCIMENTO 46
- d. Com um guia 46
  - APRENDER A EXPRESSAR-SE 46
  - PONTOS CEGOS 48
  - A EXPERIÊNCIA DOS OUTROS 48
  - DESMASCARAR AS CILADAS 49

3. A confirmação do discernimento 50
   - CONFIRMAÇÃO INTERIOR 50
   - CONFIRMAÇÃO EXTERIOR 51
   - CONFIRMAÇÃO PELOS FRUTOS 52
   - O FATOR TEMPO 53

II
A INTERAÇÃO DO CORAÇÃO, DA INTELIGÊNCIA E DA VONTADE
55

1. O coração é o ponto de partida 57
   - a. De que sentimentos se trata? 57
     - A INTERIORIDADE AFETIVA 58
     - SENTIMENTOS POSITIVOS E NEGATIVOS, CONCRETAMENTE ... 59
     - OS SENTIMENTOS PESSOAIS 59
     - SABOR QUE FICA 61
   - b. Os sentimentos são diferentes dos ideais, dos valores e das normas 62
     - FERRAMENTAS, NÃO DIRETRIZES OBRIGATÓRIAS 62
   - c. O nível dos sentimentos objetivos 63
     - NÃO "EU SINTO QUE..." 63
     - MAS "EU ME SINTO..." 64

- d. Os sentimentos podem ser ambivalentes.. 65
  - O ANJO MAU QUE SE TRANSFORMA EM ANJO DE LUZ 66
  - CÓLERA SANTA.. 66
2. **O papel da inteligência**.. 67
- a. Tomar consciência do que se sente no interior....................................... 67
- b. Interpretação dos sentimentos interiores... 68
  - DIFERENTES NÍVEIS DE SENTIMENTOS.. 68
  - OS FIOS VERMELHOS.. 69
  - A EVOLUÇÃO DOS MOVIMENTOS AFETIVOS.. 70
  - O CRITÉRIO DA DURAÇÃO.. 71
3. **O papel da vontade**... 71
  - O IMPASSE DO VOLUNTARISMO... 72
4. **Conclusão: navegar num veleiro**... 73
  - ATENÇÃO E FLEXIBILIDADE.. 74

III
FAZER EXERCÍCIO DE DISCERNIMENTO: A RELEITURA
75

- OBJETO E DURAÇÃO... 77
- **Antes, fazer silêncio**.. 77
1. **Agradecer — "Obrigado!"**... 77
2. **Pedir perdão — "Perdão!"**.. 79
3. **Olhando para o amanhã — "Por favor!"**.. 79
   - ANTENAS... 80

IV
DISCERNIMENTO E ESCOLHA
81

1. **A escolha que cai do céu**... 83
2. **Fazer escolhas segundo a balança afetiva**...................................... 83
   - QUAIS AS QUESTÕES.. 84
   - CONDIÇÃO PRÉVIA.. 84

- A IMPORTÂNCIA DE UMA ALTERNATIVA 84
- DUAS VEZES POR SEMANA 86
- RESULTADO 86

3. **Escolher com a balança racional** 87
   - CONDIÇÕES PRÉVIAS 87
   - QUE QUESTÕES? 88
   - DUAS OU QUATRO COLUNAS 88
   - AVALIAR 89

4. **Duas sugestões complementares: alguém totalmente desconhecido e um leito de morte** 90

V
O DISCERNIMENTO E A EDUCAÇÃO
91

1. **Cada percurso de crescimento é único** 94
2. **O percurso de crescimento único está ligado ao desejo pessoal mais profundo** 94
   - RESPONSABILIDADE PARTICULAR PARA OS EDUCADORES 94
3. **Um autêntico caminho de crescimento leva a outro** 96

VI
DISCERNIR ENTRE O BEM E O MAL
99

1. **A dinâmica do mal** 101
a. A via da superestima sistemática de si 101
   - A RIQUEZA 101
   - DA RIQUEZA À AUTOSSUFICIÊNCIA 102
   - DA RIQUEZA, PASSANDO PELA AUTOSSUFICIÊNCIA, AO ORGULHO 102
b. A via da sistemática subestima de si 103
   - RECUSA DA ESTIMA DE SI 103
   - DA RECUSA DA ESTIMA DE SI À INFERIORIDADE 103
   - DA RECUSA DA ESTIMA DE SI, PASSANDO PELA INFERIORIDADE, À AUTODESTRUIÇÃO 103

2. **A dinâmica do bem** 105
   - LIMITES 105

- LIMITES E CONFRONTAÇÃO 105
- DOS LIMITES, PASSANDO PELA CONFRONTAÇÃO, À RECEPTIVIDADE 107
- PEDAGOGIA ESPIRITUAL 107

VII
DISCERNIR EM SITUAÇÕES ESPECIAIS
109

1. **Quando se está no sétimo céu** 111
2. **Quando a gente está com raiva** 112
   - OS PENSAMENTOS DE LÚCIFER 112
   - DUPLA VITÓRIA 114
   - DECIDIR RELATAR 114
3. **Quando a gente está mal disposto** 115
   - CONVITE PARA APROFUNDAR E PURIFICAR 115
   - TOMAR A INICIATIVA DE REVERTER PESSOALMENTE A TENDÊNCIA 116
   - MAIS SILÊNCIO E ORAÇÃO 117
   - FAZER MAIS RELEITURA DA EXPERIÊNCIA DE CADA DIA 118
   - REDUZIR OS EXCESSOS 119
   - PACIÊNCIA 120
4. **Quando se tem medo** 120
   - EXPRESSAR-SE 121
   - EXAME CRÍTICO DOS FATOS 122
   - O ENGANO DO MEDO 122
   - O MEDO IMPEDE DE VIVER NO PRESENTE 123
5. **Quando se está em crise** 123
   - CONSTÂNCIA 123
6. **Quando nada se sente** 124
   - APOIAR-SE NOS SENTIMENTOS ANTERIORES 125
7. **Quando se tem um problema** 125
   - O ESTRATAGEMA DO REFRIGERADOR 125
   - ALÍVIO 127
8. **Quando se duvida** 127
   - A BOA DÚVIDA 127
   - A DÚVIDA QUE DINAMIZA 128
9. **Quando há tensões** 129

10. **Quando pensamentos perturbadores passam pela cabeça da gente** 130
   - OU TUDO OU NADA 130
   - FALAR DISSO 131
   - AGORA E SEMPRE, OS PONTOS FRACOS 132

VIII
DISCERNIMENTO E FÉ CRISTÃ
133

   - UM DEUS DE AMOR 135
   - SEMPRE ALEGRIA. ISSO É POSSÍVEL? 136
   - TERESINHA DE LISIEUX 136
   - NÃO SÓ PARA OS CRISTÃOS 137

IX
DISCERNIMENTO COMUNITÁRIO
139

   - DIÁLOGO CONTEMPLATIVO 142
   - ACOMPANHAMENTO 142
   - RELEITURA COMUM 143

X
O DISCERNIMENTO COMO MODO DE VIVER
145

   - CONTEMPLATIVO NA AÇÃO 147
   - EM TODAS AS COISAS 147
   - ATIVO E PASSIVO 149

POSFÁCIO
151

Para saber mais sobre espiritualidade e discernimento inacianos 154
   - SITES WEB DE ESPIRITUALIDADE INACIANA 154

> Uma das coisas de que a Igreja mais precisa hoje é fazer discernimento.
>
> Papa Francisco[1]

---

[1] No encontro do Papa Francisco com os jesuítas do Chile e do Peru, 16 de janeiro de 2019, *La Civiltà Cattolica*, n. 4.048.

...

Davi ama muito a Eva, sua esposa. No decorrer dos anos, o amor se torna mais forte. Às vezes, porém, ao acordar, quando vê Eva deitada a seu lado, Davi não sente nada por ela, o que pode durar alguns dias. Davi não tem explicação para isso, essa situação o inquieta de vez em quando. Será que Eva é realmente a mulher da sua vida?

Elisa faz *kickboxing* como seus dois irmãos mais velhos. Recentemente foi ver, mas com certa resistência, o espetáculo de balé de sua melhor amiga. Ficou profundamente impressionada. Ela mesma não sabe dizer exatamente o que se passou nela. Na família dela não se fala de sentimentos. O certo é que ela sentia algo muito profundo. Agora, quando passa diante da escola de balé, cada vez volta a sentir a mesma agitação. Ela não sabe mais o que fazer. Será que deveria mudar seu rumo?

Pela primeira vez em sua vida, Alexandre se aventurou a participar de um retiro, em silêncio, num mosteiro. A paz e a calma reinante foram uma bênção. Jamais Alexandre esteve tão perto do essencial de sua vida. Porém, o retorno para casa foi doloroso. Seus companheiros de quarto reagem com irritação ao que ele conta. Eles lhe dizem que isso lembra lavagem cerebral. Alexandre começa a ter dúvidas: seria uma boa ideia fazer outro retiro? Em todo caso, ele continua a se sentir bem e em profunda paz sempre que pensa naquele fim de semana.

...

POR QUE ESCREVI ESTE LIVRO?

Na minha juventude, estudei muito. Eu julgava que minha inteligência era, de longe, a coisa mais importante. No fim dos estudos, graças a meus amigos, cheguei a conhecer um modo de vida diferente. Para minha grande surpresa, descobri que a gente pode encontrar no próprio coração respostas a questões às quais não se consegue responder com a inteligência. Eu fui iniciado nessa sabedoria por intelectuais em quem tinha confiança. Isso me ajudou a levar a sério essa maneira de me orientar na vida. O fato de que essa sabedoria tem uma ligação com a fé cristã foi igualmente algo mais para mim como jovem cristão em busca de um aprofundamento de minha fé. Um ano mais tarde, terminava meus estudos. Comecei a trabalhar na universidade como pesquisador; depois me tornei advogado. Estava pronto para abrir minhas asas. Tinha a chance de aproveitar minha vida de jovem adulto.

Ao mesmo tempo, continuava a mergulhar naquela sabedoria. Aprendi que ela se chamava "espiritualidade inaciana". Uma consequência tangível dessa descoberta foi que daí em diante eu reservava para mim regularmente uns momentos de silêncio para perceber o que se passava no mais profundo do meu coração. Com isso, eu me tornava mais consciente daquilo que me dava alegria. Além disso, fui descobrindo que fazendo minhas escolhas eu podia dar mais espaço a essa alegria em minha vida. Pouco a pouco, tive a convic-

ção de que minha intuição mais profunda podia me levar à descoberta daquilo que eu devia fazer em minha vida. Comecei a me apoiar mais sobre aquilo que eu sentia dentro de mim pela prática do discernimento.

Dois anos depois da descoberta dessa espiritualidade inaciana, nosso grupo de amigos foi passar um fim de semana no mosteiro de Leffe. Durante uma prece silenciosa, veio-me ao espírito um pensamento desconcertante: "Nikolaas, durante esses dois anos você experimentou uma alegria sempre maior vivendo segundo aquilo que sua intuição e seu discernimento lhe fizeram descobrir. E se você organizasse sua vida a ponto de se consagrar inteiramente ao que descobriu?". Interpretei isso como um convite a me tornar padre e jesuíta. Formular essa pergunta significava também dar uma resposta, e resposta positiva.

Hoje, mais de trinta anos depois, continuo a confiar naquela intuição e naquele discernimento como indicadores plenos de sentido para minha vida. De minha parte, tenho partilhado essa sabedoria com muitas pessoas: pais, professores, cuidadores, sacerdotes e pastores, religiosas, homens de negócio, estudantes etc. Para mim, esse modo de vida está estreitamente ligado à minha fé cristã. A experiência, entretanto, mostra que ela também permite a muitos não cristãos viver uma vida melhor. Neste livro, quero partilhar com os leitores os frutos dos decênios de experiência pessoal, de estudo e de formação em matéria de discernimento.

Nikolaas Sintobin, SJ

INTRODUÇÃO

Este livro trata do discernimento. Discernir quer dizer procurar em sua experiência a mais íntima indicação para saber o que é para fazer ou o que é melhor não fazer. Falando mais concretamente, o discernimento pede que a gente preste atenção ao que se passa nas camadas mais profundas do próprio ser. Os cristãos creem que uma leitura atenta dos movimentos afetivos mais profundos pode nos dar informações sobre o que Deus nos convida a fazer. Sobre este assunto, a Bíblia também pode fornecer preciosas indicações. No entanto, a linguagem que Deus fala hoje é a da experiência do ser humano.

Intuição

O discernimento é tão antigo como a humanidade. De modo algum é algo extraordinário. Desde sempre, muitas pessoas se deixam guiar por sua *intuição* quando têm uma decisão a tomar. Um pensamento que nos faz sentir bem é considerado confiável e temos a tendência de pô-lo em execução. Ocorre o oposto quando algo nos faz sentir mal, ansiosos ou desconfiados. Desse modo, muitas pessoas discernem entre as moções afetivas positivas e negativas, tornando-as ponto de partida para tomar decisões. Mesmo que não estejam bem conscientes, na prática muitos se fiam naquilo que o coração lhes diz. Para os cristãos, há uma fé subjacente de que tais sentimentos positivos indicam que alguma coisa os aproxima de Deus. Os sentimentos negativos, ao contrário, falam muitas vezes de um afastamento crescente de Deus.

Contudo, a experiência também mostra que esses sentimentos são contraditórios às vezes e podem engendrar confusão. Pode igualmente acontecer que a gente nada sinta. Ou, ainda, a gente se dá conta de que este ou aquele sentimento negativo é antes um bom sinal. O mesmo pode acontecer, mas de forma inversa, para certos sentimentos positivos: eles podem ser um mau sinal.

■ ■ ■

> Maria decide deliberadamente terminar uma relação sem futuro. Essa separação a faz sofrer e a torna triste. Contudo, Maria sabe que está seguindo o bom caminho: está construindo seu futuro.
>
> Antônio passou um mau bocado para administrar as tensões. No escritório surgiu um conflito com um colega a respeito da distribuição dos trabalhos. O tom sobe rapidamente. Antônio propõe uma solução que na realidade desfavorece seus pró-

prios interesses. O colega aceita sem pestanejar e agradece efusivamente a Antônio. Antônio sente que a paz volta imediatamente. À noite, quando ele conta esse fato à sua esposa, a paz deu lugar à raiva.

...

Não é fácil discernir. Não o conseguimos se fazemos isso só com o coração.

Suspeita

A resistência ao discernimento também é universal. Muitas pessoas desconfiam do que sentem. Acham que a gente não pode confiar nos sentimentos e afetos. Os sentimentos têm, de fato, seus caprichos. Eles vão e vêm. Estão fora de controle. Para fazer uma escolha, as pessoas preferem se deixar guiar por sua inteligência, que é objetiva, racional, e, por isso, mais confiável. Isso é o que as pessoas pensam.

Não é preciso insistir que a inteligência e a razão têm ambas seu lugar na tomada de decisões. Todavia, o que fazer quando uma escolha importante se apresenta e temos duas proposições equivalentes? Em ambos os casos, há, em geral, argumentos objetivos pró e contra.

...

Daniel e Carla estão casados. Têm dois filhos adolescentes. Eles recebem uma proposta de ir trabalhar na África durante alguns anos. Eles se põem a fazer uma avaliação das vantagens e inconvenientes que há entre ir ou não ir. Consideram tudo: seus argumentos pessoais, os filhos, a família etc., e não conseguem sair das dúvidas. Tanto há argumentos pró como contra ambas as opções. Como não querem fazer uma escolha cega sobre uma questão que consideram importante, por fim Daniel e Carla decidem se deixar guiar pelo que lhes diz o coração.

...

O coração, a inteligência e a vontade

Na procura do que é verdadeiramente importante, o coração e a razão não são incompatíveis. E a vontade também tem seu lugar. O discernimento supõe um equilíbrio sutil entre essas três faculdades.

A experiência mostra que todo sentimento agradável no nível do coração ainda não é necessariamente um indicador de confiança. Inversamente, é constatável que sentimentos desagradáveis podem, às vezes, indicar o caminho para mais felicidade. O que fazer quando se está em crise e quando a gente, como um ioiô, passa por todo tipo de sentimentos, para cima e para baixo alternadamente? Será que o discernimento é uma coisa que a gente pratica somente nas grandes etapas da vida? Ou será que também se pode fazer discernimento na vida cotidiana? O que a gente faz quando sente algo completamente diferente dos outros a propósito de um assunto específico sobre o qual se deve tomar uma decisão? Na condição de pais, como se pode ajudar um filho a discernir? Em caso de dúvida, pode-se discernir?

Este livro deseja responder a essas questões e a muitas outras. Ele começa com uma visão geral sobre a prática do discernimento e examina o papel do coração, da inteligência e da vontade. Em seguida, explica-se como é possível praticar o discernimento no dia a dia, como o discernimento pode ajudar a fazer escolhas educativas e a saber se alguma coisa é boa ou má. Depois, serão examinadas dez categorias de experiências emocionais particulares. Enfim, este livro aborda a questão de saber se o discernimento é reservado ou não aos cristãos e como se faz discernimento comunitário. O livro termina com uma reflexão sobre o discernimento como atitude de fundo na vida da gente.

Inácio de Loyola

Inácio de Loyola (1491-1556) é considerado o maior especialista do discernimento. Ele era um nobre espanhol e foi o fundador dos jesuítas. Teve uma vida espiritual excepcionalmente rica. Soube harmonizar sua vida espiritual com um conhecimento impressionante da psicologia humana. Em seus escritos, explica com sutileza como discernir. Não foi ele quem inventou o discernimento. Seu mérito consiste sobretudo em tê-lo sistematizado. Seu método de discernimento tem inspirado inúmeras pessoas até os dias de hoje, tanto cristãs como não cristãs. Este livro, portanto, se inspira nessa experiência de Inácio.

Inácio de Loyola usa a expressão "discernimento das inteligências". Neste livro, usaremos simplesmente a expressão *discernimento*.

Oferecemos este livro a um público geral. Ele não pressupõe conhecimentos especiais anteriores. Trata-se de uma introdução concreta e prática, na qual os elementos de base do discernimento inaciano são explicados e mostrados com numerosos exemplos. Nossa esperança é que isso possa ajudar o leitor e a leitora a clarear e aprofundar a maneira como escutam sua *intuição* ou sua sensibilidade, graças à experiência de Inácio de Loyola.

DISCERNIR:
UM MANUAL

• II • III • IV • V • VI • VII • VIII • IX • X

Discernir não é sempre fácil. Há certas condições para um discernimento ser possível. O dinamismo do discernimento comporta também várias etapas e vários aspectos.

1. Condições prévias

O discernimento exige uma preparação, tanto referente ao coração como no que diz respeito ao objeto do discernimento. O discernimento não é algo do tipo *eu gosto, por isso faço* ou *não gosto, por isso não faço*. O discernimento inaciano apela para a sutil e complexa riqueza do ser humano. Antes de começar a discernir, é bom passar pelas três etapas prévias que agora vamos descrever.

a. Formar a sensibilidade

Fazer discernimento pede que a gente se deixe inspirar por aquilo que sente no nível da experiência afetiva profunda. Os sentimentos são muito pessoais. Por isso, não é de estranhar que seja precisamente neles que se vá procurar o que mais convém. Os cristãos creem que é no coração que eles podem ouvir a voz de Deus. É no coração que eles podem encontrar aquilo a que Deus convida a cada um pessoalmente. Os cristãos também creem que responder a esse apelo é a melhor garantia para levar uma vida feliz e plena de sentido.

- OS SENTIMENTOS SÃO INFLUENCIÁVEIS

Sim, os sentimentos podem ser influenciados. Pensemos no funcionamento do *marketing*: a publicidade consegue influir artificialmente nos sentimentos das pessoas. Do mesmo modo, os amigos, bons ou menos bons, podem ter um impacto sobre aquilo de que uma pessoa gosta ou não gosta. O mesmo se dá quanto ao tempo, à saúde ou à hora do dia. É só pensar nas muitas pessoas que "não gostam de acordar cedo".

Os sentimentos também podem ser muito estranhos ou problemáticos. Algumas pessoas têm prazer em fazer mal a si mesmas ou fazer mal a outras. Os sentimentos podem inclusive ser pervertidos. Vejam as crianças: elas podem ser doces como anjos, mas também podem ser cruéis e odiosas como diabinhos e, mais ainda, sentir prazer nisso. Portanto, a gente não pode se fiar incondicionalmente nos sentimentos. O coração precisa ser modelado, nutrido e afinado.

Todos acham normal que a inteligência seja formada em longos anos de estudos, o mesmo é necessário para a vida afetiva. Não apenas na infância, mas pela vida toda. Sobretudo se a gente quer que o coração seja um guia em que se pode confiar quando algo a decidir é importante. Entretanto, os pretensos mestres nestes assuntos não são todos seguros, firmes e dignos de confiança.

A pessoa que desde jovem só teve direito a refrigerante e a *fast food* terá dificuldade para apreciar bebidas e alimentos mais consistentes e mais nutritivos. O mesmo podemos dizer em relação ao comportamento na vida. Certas pessoas creem que a felicidade coincide com o interesse e o conforto pessoal. Pensam sinceramente que a alegria é sinônimo de satisfazer imediatamente a fome e a sede, o desejo de dinheiro, de poder e reconhecimento. Dificilmente entendem que o compromisso em favor do outro, o engajamento, o perdão, a solidariedade, a paciência, a simplicidade podem dar uma alegria maior do que aquilo que uma fixação narcisista sobre si mesmo pode produzir.

■ ■ ■

> A mãe de Carolina sempre insistiu com sua filha que a beleza exterior é o supremo bem. Carolina passa diariamente muito tempo diante do espelho. Com o passar dos anos, ela adquiriu uma grande habilidade em cuidar de sua aparência. E isso lhe valeu muitas vezes elogios, dos quais gosta muito. Entretanto, esse pequeno e frequente prazer vem acompanhado ao mesmo tempo de certo mal-estar interior. Carolina aprendeu a conviver com isso. A vida é assim, lhe diz a mãe. Agora que começa a ter algumas rugas e cabelos grisalhos, percebe que uma angústia imensa vem junto com aquele mal-estar. Essa angústia a esgota. Carolina se pergunta quanto tempo vai aguentar isso.

■ ■ ■

É desejável que deixemos nossa vida interior se inspirar na enorme experiência e na sabedoria que a humanidade adquiriu no curso de sua longa história. As pessoas fazem discernimento há milhares de anos e tiraram disso muitas lições. Não é necessário que cada nova geração, e cada novo ser humano, reinvente a água quente. A música, a literatura, a dança, o cinema e outras formas de arte podem contribuir para aguçar e ampliar a sensibilidade do coração.

- O MESTRE DO CORAÇÃO

Isso se aplica também à vasta experiência religiosa da humanidade. Para os cristãos, significa mais particularmente deixar-se inspirar por Jesus. Ele é o

mestre por excelência do amor e por isso de uma vida autêntica. Não temos necessidade desse alimento e dessa inspiração apenas uma vez, mas, ao contrário, ao longo de toda a vida. Quer dizer, precisamos rezar regularmente para deixar que nossa vida cotidiana seja animada pelo exemplo de Jesus, e que nosso eu mais profundo e mais íntimo seja modelado, aberto e enriquecido por seu Evangelho. Quanto mais isso se der, mais a pessoa poderá ter confiança de que seus sentimentos profundos podem verdadeiramente estar sendo inspirados pelo próprio Deus. Assim, os movimentos afetivos podem se tornar indicações confiáveis para uma vida em expansão, vida que Deus deseja para todo ser humano.

b. Preparar o "dossiê" com a inteligência

É importante escutar o coração, mas isso não basta. Discernir não é uma desculpa para avançar de olhos fechados. Discernir supõe que o coração seja bem informado pela inteligência. Aquilo que se vive no coração deve poder se apoiar sobre conhecimentos exatos. Por isso mesmo, é importante preparar com cuidado a questão ou o objeto do discernimento.

Se, por exemplo, um jovem deseja fazer um discernimento quanto à escolha de seus estudos, é indispensável que ele se informe antes sobre os estudos que lhe convêm. Não só em sonho, mas de forma bastante concreta. Isso supõe que analise atentamente o que seus estudos e outras experiências passadas lhe ensinaram com relação a suas capacidades e a seus gostos. Desse modo, o jovem poderá se dar conta por que isso é bom para ele ou por que poderia ser menos bom. Ele também pode pesquisar na internet, falar com seus professores, com os membros de sua família, com amigos e pessoas de diferentes profissões etc. Assim, poderá descobrir quais estudos são interessantes e possíveis para ele e se correspondem a seus desejos e a seus gostos.

■ ■ ■

Desde pequeno, Estêvão é apaixonado por aviões. Pouco a pouco, seu desejo de se tornar piloto de avião de caça se confirma. Agora ele tem 17 anos e procura a melhor maneira para se preparar. Recentemente foi a um parque de atrações com seus amigos. Numa das atrações, em que a gente passa por fortes mudanças de pressão, ele perdeu a consciência por uns momentos. Os exames médicos indicaram um problema congênito no sistema de equilíbrio. Estêvão está muito inquieto. Aprendeu que é preciso ter uma condição física excepcional para pilotar um avião de caça. Estêvão continua cada vez mais entusiasta em relação aos aviões. Ao mesmo tempo, constata que seu desejo de se tornar piloto de avião de caça começa a se esfumar.

■ ■ ■

Pode acontecer que o discernimento incida sobre uma questão que diz respeito a outras pessoas, a alguma organização, a um grupo, a uma comunidade na qual a gente esteja envolvido etc. Nesse caso, antes de começar o discernimento propriamente dito, é desejável verificar o que os outros pensam sobre a questão ou como essa organização vê o assunto.

■ ■ ■

Cecília tem a intenção de assumir mais responsabilidades em sua paróquia. É então que lhe é proposto tornar-se membro do conselho paroquial. Sua intuição lhe diz que é exatamente isso que ela procurava. Antes de se engajar, ela tem um encontro com o presidente do conselho. Ela quer saber exatamente quais são suas responsabilidades nesse conselho, e se elas se ajustam a suas outras atividades. Ela acha também normal discutir tudo antes com seu marido e os filhos.

■ ■ ■

Se não for feito desse modo, corre-se o risco de realizar o discernimento no vazio.

■ ■ ■

Nicolau é um jovem professor apaixonado. Certo dia, inesperadamente, um generoso patrocinador lhe oferece a possibilidade de organizar um fim de semana em outro país para seus alunos. Nicolau fica radiante. Ele pensa que não deve deixar passar essa ocasião única. Sem hesitar, começa a organizar a viagem. Quando tudo está quase pronto, vai informar ao diretor da escola que imediatamente diz a Nicolau que ele cometeu um grande erro. "Sim, eu sei. Isso deve ser muito incômodo para o senhor", responde Nicolau, sempre entusiasmado. "Não, responde o diretor, é o senhor que tem um problema: essa viagem não acontecerá".

■ ■ ■

Discernir não é tirar a sorte. O coração não pode, a partir do nada, indicar uma resposta a questões muitas vezes complexas. Quanto mais a gente examina o dossiê dos fatos, mais a voz do coração será confiável, por ser melhor informada.

c. Aprender a escutar o que se passa no coração

Discernir significa que a gente vai ler no próprio coração, agora já bem informado previamente pela inteligência. Entretanto, como fazer para ler no próprio coração? Muitas pessoas têm a impressão de que, no dia a dia de sua vida não acontece grande coisa no coração. Contudo, escutar o próprio coração é algo que se pode aprender. É malhando o ferro que a gente se torna ferreiro.

- RELER

Não se pode escutar o coração a não ser que haja suficiente silêncio, e que a gente dedique tempo para escutar. Discernir exige disciplina espiritual. Em particular, Inácio de Loyola aconselha a reler[1] regularmente o dia que chegou ao fim. Reler significa que a gente presta atenção àquilo que provocou sentimentos positivos, tais como a alegria, a paz, a confiança etc., ou, ao contrário, àquilo que provocou tristeza, agitação, contrariedade etc. Quanto mais vezes a gente fizer isso, mais se torna apto para detectar pequenos movimentos ou moções no coração: uma centelha de esperança ou um breve momento de tristeza. Tais movimentos sutis são muitas vezes mais importantes do que os movimentos mais espetaculares. Estes últimos não se produzem senão raramente, enquanto as leves flutuações se produzem permanentemente. Por isso é que esses sentimentos dificilmente perceptíveis, mesmo que pareçam sem importância, têm em seu conjunto muito peso e muito sentido.

...

> Frederico se interessa muito pelo que acontece durante seu tempo livre. Afinal, é nesse momento que uma pessoa pode verdadeiramente viver: sair com os amigos, assistir a um jogo, ouvir um concerto, dar uma volta pela cidade... Eis uma bela vida. Segundo Frederico, nos dias de semana quase nada de interessante acontece sobre o que queira falar. Em outras palavras, uma grande parte de sua vida parece ser tempo perdido.

...

- OS SENTIMENTOS, MAIS QUE FATOS

Quando se relê a própria experiência, o bom é concentrar-se no que se sente no coração, mais do que sobre os fatos. Com efeito, se você começa procurando diretamente os fatos que o tornaram feliz ou triste, há grandes chances de que vá pescar no reservatório de experiências já conhecidas que anteriormente já tinham tornado você feliz ou triste. Em si, não há nenhuma objeção a isso. Porém, é igualmente importante deixar-se surpreender pelos sentimentos. Eles podem despertar a consciência de coisas, acontecimentos ou experiências dos quais não se tinha ainda consciência.

...

> Madalena mora numa cidade grande. Está sempre ocupada. No carro, quando dá suas voltas ou no banheiro sempre ouve

---

[1] Ver cap. III, "Fazer exercício de discernimento: a releitura", a partir da p. 75.

podcasts interessantes. É o jeito dela de não perder seu tempo e de ficar em dia com as notícias. Num domingo de manhã, quando está sob a ducha, seu *smartphone* cai na água e para de funcionar. Madalena é obrigada a passar o domingo todo sem *podcasts*. Fazia muito tempo que ela não tinha um domingo tão calmo e repousante. Que felicidade, um silêncio! Por que, daqui pra frente, não parar de ouvir *podcasts* aos domingos?

■ ■ ■

2. O discernimento propriamente dito

Suponhamos agora que temos certa capacidade de escutar o que se passa em nosso coração e que tenhamos preparado a questão ou o assunto sobre o qual queremos fazer um discernimento. Agora, o discernimento propriamente dito pode começar. Os quatro pontos seguintes podem ajudar.

a. Deixar acontecer: o desafio da disponibilidade interior

A maior parte das pessoas crê sinceramente que o que sente em seu coração é importante. Essas pessoas têm vontade de ouvir o coração. Entretanto, na prática, muitas vezes as coisas acontecem de maneira diferente. A boa vontade não basta. Geralmente, há uma ou outra forma de não liberdade ou de medo que faz com que a gente não o escute verdadeiramente.

- JÁ DECIDIDO DE ANTEMÃO

Há pessoas que se reúnem muito frequentemente com o objetivo de tomarem uma decisão em comum. Assim, a gente tem, às vezes, a impressão de que a decisão já está tomada. Não há verdadeiramente lugar para o discernimento, mesmo que seja essa a vontade. Imaginem, então, se o resultado de tal discernimento fosse diferente do que sempre se fez ou do que o chefão deseja. Ou ainda, uma pessoa quer saber o que seu coração lhe diz sobre a oportunidade de escolher ou não uma reorientação em sua vida profissional. Se essa pessoa é cristã, isso pode significar que ela quer discernir o que Deus deseja para ela. Ao mesmo tempo, pode ter a tendência de dar antes informações a Deus sobre o que é importante para ela querendo, assim, evitar que Deus lhe peça coisa diferente daquela que ela mesma já havia previsto.

Em outras palavras, queremos discernir e ouvir o nosso coração, mas desejando que o discernimento vá na direção daquilo que nós temos decidido de antemão. O resultado do discernimento já está definido.

> ...
> Josefina criou um pacote de software. Ela dispõe agora de uma sólida equipe de excelentes colaboradores. Fazem reunião da equipe todas as segundas de manhã. Todos podem fazer propostas, participando de um *brain storm*. Josefina anima sem cessar sua equipe a confiar na própria intuição. De forma concreta, o resultado é geralmente que as iniciativas de Josefina são rapidamente aprovadas por todos e ela está segura da qualidade dessa deliberação em grupo. Ela não compreende por que recebe sinais indicando que seus colaboradores não se sentem levados a sério. Além disso, não é grande o entusiasmo deles pelos projetos recentes, apesar de aprovados por todos.
> ...

- TER CORAGEM DE NÃO SABER

É justamente aqui que está o problema. Discernir exige que a gente relaxe e que aceite não saber antes a que resultado irá levar o discernimento. Discernir pressupõe a coragem de deixar-se surpreender por algo que a gente não tinha visto antes. Sim, o discernimento supõe que se possa escutar o coração sem decisões já tomadas, e que a gente não descubra, senão pouco a pouco, em que direção deve ir. Isso significa abandonar o hábito comum de querer controlar e ter pessoalmente tudo nas mãos. O discernimento exige, portanto, uma atitude fundamental de confiança e de abertura interior mais que de desconfiança e suspeita. Para o cristão, isso significa confiar na bondade e no amor de Deus que indica o melhor caminho. Isso também vale quando o resultado é diferente do que se tinha pensado ou esperado. Para quem quer ouvir o Espírito de Deus, é necessário aceitar que não se sabe de antemão em que direção ele sopra.

...

> Um coral está atravessando um momento difícil. Por ocasião de uma reunião, os problemas são abordados. Diversas soluções são propostas, mas sobre algumas se exercem pressões. A atmosfera fica carregada de tensão. Os cantores decidem adotar uma abordagem diferente. Cada membro fará uma releitura dos últimos anos para compreender o que deu alegria e satisfação, e o que, ao contrário, foi vivido como difícil ou desagradável. Na próxima reunião, todos ouvirão as releituras cada um. Para grande surpresa dos coralistas, um diagnóstico completamente diferente do que esperavam apareceu.

...

- COELHOS BRANCOS

A total liberdade e disponibilidade interior não são coisas deste mundo. Agarrar-se a tudo é inerente à natureza humana, e às vezes a qualquer coisa: aos outros, às coisas, aos hábitos, às ideias... Em si, isso é normal e bom. No entanto, esses apegos podem tolher a liberdade. Podem tornar difícil fazer aquilo para o que o coração orienta. Às vezes, são coisas pequenas, inocentes. Como no caso daquele menino que dizia a seu amiguinho: "*Este é o meu baú de jogos. Como sou muito seu amigo, pode escolher o que quiser; será seu. Somente não pode pegar meu coelho branco. Ele é meu*". Tais apegos podem também ser menos inofensivos.

...

> Artur e Miriam precisam de um novo carro. Juntos examinam o que é necessário para a família e que modelo mais lhes con-

vém. Não chegam a um acordo. Artur tem um critério fixo que ele não ousa dizer abertamente, mas que é muito importante para ele: o novo carro deve ser maior que o do vizinho.

...

Cada pessoa tem uma coleção de coelhos brancos em seu *foro íntimo*. Pequenos e, às vezes, também grandes. Já é bom quando a gente os reconhece espontaneamente. Tomar consciência disso, e se possível desprender-se dessas faltas de liberdade interior, pode ser um grande passo para frente. Para certas pessoas, será preciso aprender a viver com essas faltas, outras podem desaparecer com o tempo. Há fortes chances de que em pouco tempo outras faltas de liberdade se apresentem.

Resumindo, a liberdade e a disponibilidade interiores dificilmente são completas e também não estão definitivamente conquistadas. É melhor sermos vigilantes, cuidando para que sejam tão grandes quanto possível. Elas tornam

Aprender a discernir

possível ouvir melhor o que se passa no coração e assim discernir melhor. Permitindo espaço livre para os coelhos brancos, podemos nos tornar joguete de dinâmicas em que não queríamos nos envolver e que ameaçam fechar-nos nessas faltas de liberdade.

b. A alegria como bússola

A pessoa que encontrou seu lugar na vida e que faz aquilo para que foi criada, de uma ou de outra maneira conhecerá sempre a alegria, os cristãos creem que a pessoa humana é feita para viver na alegria. Um dos desafios do discernimento é que permaneça ligado a essa alegria interior. Mesmo que haja sentimentos menos agradáveis por fora ou na superfície. De fato, a experiência mostra que isso é frequente.

- A ATRAÇÃO DOS SENTIMENTOS NEGATIVOS

Os sentimentos negativos, tais como o medo, a raiva, a tristeza ou o ódio são mais frequentes do que desejaríamos. Exercem uma espécie de atração particular. De modo espontâneo, esses movimentos afetivos negativos frequentemente atraem a atenção logo que a gente recorda o passado ou certa experiência. Em si, isso não é estranho nem é problemático, apenas queremos evitar, no futuro, essas experiências desagradáveis.

Frequentemente a gente pensa que os aspectos positivos de uma experiência não precisam ser mencionados. "Isso é inútil e perda de tempo. Todo mundo já sabe essas coisas. O que vai bem é normal. É sem utilidade lhe dar atenção". Contudo, pensar assim pode levar a uma imagem desequilibrada e deformada da realidade.

> ▪▪▪
>
> Com sua equipe de animadores, Juliano avalia o último acampamento de verão do movimento de jovens. Como de costume, o tempo é curto. Juliano decide primeiro dar atenção às tensões entre os animadores no início do acampamento. Em seguida, discutem sobre uma carta agressiva de um pai. Por fim, são tomadas providências para evitar que tenham de pagar outra multa, pois, da última vez, o lugar não foi deixado limpo no fim do acampamento. Na saída da reunião, a equipe está completamente desencorajada. Eles tinham guardado

uma lembrança agradável do acampamento anterior. Agora têm a impressão de que não são bons em nada.

...

- ATENÇÃO PREFERENCIAL À ALEGRIA

Inácio de Loyola recomenda aqui uma disciplina espiritual. Pede para não ceder à atração do negativo. Quando a gente escuta o que se passa no coração, é oportuno dar atenção preferencial à alegria. Movimentos afetivos abertos tais como: a alegria, a confiança, a paz, a abertura, por modestos ou discretos que sejam, dizem geralmente alguma coisa sobre o lugar onde a vida — e, portanto, Deus — nos esperam. É por isso que merecem uma prioridade na releitura. É bem mais importante saber onde a gente se expande do que saber onde a gente se encolhe. É mais importante saber onde se encontra Deus do que saber onde ele não está. Isso permite saber se a gente tem uma base sólida sob os pés.

...

Marina, mãe solteira, toma café com sua amiga Camila. Logo passam a conversar sobre os filhos. Marina comenta como é difícil para ela educar seus filhos na ausência do pai deles. Deve tomar sozinha todas as decisões em relação à educação, à escola, à conservação da casa. Camila percebe que a atmosfera bem depressa vai se tornando pesada e decide interromper o monólogo de sua amiga, introduzindo lembranças bem concretas sobre as belas experiências desses últimos tempos. Marina se anima e conta com entusiasmo como seus filhos crescem e se desenvolvem. Quando se despedem, Marina está impressionada com a profunda gratidão que sentiu por seus filhos durante a conversa. Marina está disposta a continuar a luta.

...

- MAIS ILUMINAÇÃO DEIXA MENOS LUGAR À SOMBRA

Estar consciente do que aumenta a paz — a abertura, a gratidão, a esperança e outros sentimentos positivos — tem um efeito todo especial. Permite enfrentar mais facilmente, e mais profundamente, o lado escuro da existência. De fato, quanto mais a gente começa a crer que a luz — o próprio Deus — está efetivamente presente na vida, menos a gente vai passar pela ansiedade de ter de enfrentar o lado mais sombrio da própria experiência. Bem no fundo, a gente percebe que a vida realmente está acontecendo e que ela é mais forte. A escolha deliberada de procurar em primeiro lugar a presença de Deus tem, de fato, a consequência paradoxal de possibilitar que se vá mais longe na tomada de consciência sobre sua ausência. Um conhecimento melhor dos lugares de sombra em nossa vida nos permite reviver progressivamente os lugares de morte e que eles se reabram à luz. Assim, a atenção preferencial dada à alegria pode deslanchar uma dinâmica que conduz a mais alegria ainda.

...

Floriano é viciado em pornografia. Ele se sente mal em admiti-lo. A relação com sua esposa e seus filhos sofre com isso. Ele se culpabiliza enormemente e se sente muito envergonhado. Num momento de crise emocional, veladamente confia seu segredo a Pierre, seu melhor amigo. Pierre reage com empatia. Ele o anima a se tornar membro de seu clube de esporte e, algum tempo depois, a participar também de um coral. Por ocasião de suas caminhadas regulares, aquela dependência às vezes é lembrada. Porém, Pierre pergunta sempre a Floriano sobre sua esposa, seus filhos e seu trabalho. Floriano volta a ter gosto pela vida. Sua autoestima se fortalece. Depois de certo tempo, com hesitação confia a seu amigo que ele se tornou membro de um grupo de ajuda para pessoas que sofrem pela dependência de pornografia. Além disso, pela primeira vez, depois de muitos anos, convidou sua esposa para um jantar romântico.

▪▪▪

A preferência de Inácio pelos sentimentos positivos não significa absolutamente que ele recomenda varrer os sentimentos negativos para debaixo do tapete, ignorando-os. Ele pede que a gente os encare e examine de onde vêm, pois eles podem ensinar alguma coisa sobre o que se deveria evitar ou fazer de outra maneira. Inclusive, quanto a esses movimentos negativos, há um duplo perigo: dar-lhes atenção demasiada ou, ao contrário, não lhes dar nenhuma atenção.

- O TABU DOS SENTIMENTOS DESAGRADÁVEIS

Numa cultura de bem-estar, dá-se pouco lugar para os sentimentos desagradáveis. Não se sentir bem consigo mesmo está fora de moda. É preciso, sobretudo, que você se divirta muito e constantemente! Não se é orientado a prestar atenção ao lado negativo da própria experiência. Ora, isso não é bom.

▪▪▪

Bárbara passou por um período difícil. Agora escolheu aproveitar a vida. Chega de ruminar. Contudo, isso não impede que à tarde, quando chega em casa depois do trabalho, continuem a vir lembranças dolorosas. Isso a torna letárgica, estressada. Imediatamente Bárbara bebe alguma coisa, às vezes duas ou três. Frequentemente navega por horas no YouTube ou fica jogando videogame, às vezes até a madrugada. Desse jeito, Bárbara esquece seus problemas. Ela se irrita por essa letargia sempre voltar.

▪▪▪

Na verdade, reprimir movimentos desagradáveis é uma atitude moralizadora que não faz justiça à complexa realidade do ser humano. Os sentimentos negativos existem, queiramos ou não. Tristeza e apatia são reais, o ódio e a inveja também. É comum não gostarmos desses sentimentos. Entretanto, eles, em si, não são nem bons nem maus, simplesmente nos acontecem.

Aliás, muitas vezes têm uma causa. A questão sobre serem bons ou maus só se apresenta quando permitimos que sejamos influenciados por esses sentimentos negativos.

▪▪▪

> De certo tempo para cá, Tiago tem sonhos repletos de raiva contra o pai. Ele reflete sobre isso e se dá conta de que de fato ele tem todo tipo de sentimentos negativos em relação a seu velho pai. Fica preocupado. Não quer isso. Contudo, não pode ignorar que esses sentimentos estão presentes. Procura não se deixar influenciar por essa negatividade. Ao mesmo tempo, busca compreender de onde vêm esses sentimentos e por que eles estão aparecendo agora.

▪▪▪

▪ O EFEITO DA DEPENDÊNCIA DOS SENTIMENTOS NEGATIVOS

Outro perigo dos movimentos afetivos negativos é o completo inverso. Pode acontecer que a gente tenda a se acostumar a esses sentimentos negativos, ou, pior ainda, a se acomodar e até mesmo a se comprazer neles.

▪▪▪

> Suzana está infeliz. Seu marido faleceu há alguns anos. Nessa situação, pensa: "É normal que eu continue triste, não é? Como é que eu poderia de novo, um dia, estar feliz? Não viajo mais. As coisas bonitas não têm mais graça para mim. Isso seria até indecente, uma vez que meu marido faleceu!"

> Michel julga que lhe fizeram muito mal. O juiz pronunciou contra ele uma condenação num conflito com seu empregador. Ele está zangado, sente muita raiva. Todos os dias, lhe vem à lembrança o filme daquelas cenas. Quanto mais o tempo passa, mais raiva sente. E com razão, julga ele. Ele sente que é seu dever e seu direito.

▪▪▪

Sem que a gente se dê conta, a tristeza ou a cólera podem passar a ocupar um lugar central. Isso não faz ninguém ir para frente, e menos ainda a pessoa envolvida. Tais efeitos negativos ameaçam nos afastar da vida e de Deus. Daí o conselho de Inácio: procurem compreender melhor o que acontece. Tentem descobrir de onde vem essa negatividade e o que podem fazer para a remedia-la. Em seguida, quando virem com mais clareza, tentem deixar esses sentimentos negativos para trás e procurem acolher de novo a alegria.

- O DESEJO DO DESEJO

A alegria é tão importante que Inácio nos anima não somente a procurá-la ativamente, mas também a pedi-la expressamente na oração. Já vimos por que essa insistência pode ser necessária. O poder de atração dos sentimentos negativos pode ser tão grande que até mesmo o desejo da alegria pareça ter desaparecido. Aqui, Inácio, grande especialista da alma e da psicologia humana, dá uma sugestão bem sutil. Pode ser que a gente não sinta o desejo de ter alegria, mas a gente pode ter o desejo do desejo da alegria. Verbalizem esse desejo, por frágil que ele seja. O desejo do desejo é também um desejo. Deus não costuma entrar na alma humana senão pela porta que está aberta, mesmo que esteja apenas entreaberta. É tudo o que podemos fazer. Se possível, pedir essa alegria com insistência. A questão da alegria é muito importante.

■ ■ ■

> Sara foi abandonada pelo marido Roberto. O mundo dela está em ruínas. Ela se sente profundamente infeliz. Sara não consegue e nem quer imaginar uma vida sem Roberto. Fala disso muitas vezes com sua mãe, Mirela. A mãe vê claramente como sua filha está desesperada. Mirela mostra à filha que ela, como mãe, bem entende quanto a filha sofre. Certa ocasião, Mirela diz com muito jeito que ela crê que, apesar de tudo, Sara tem futuro. Sara, honestamente, não consegue imaginá-lo. Porém, aquela afirmação discreta da mãe lhe faz bem. Na verdade, seu futuro continua a lhe parecer muito sombrio, mas aquelas palavras da mãe lhe dão uma esperança e um desejo que transmitem paz, apesar de ela ainda não estar pronta para abraçar de fato essa paz. Nos meses seguintes, Mirela diz regularmente coisas semelhantes, o que sempre é um bálsamo benfazejo no coração ferido de Sara.

■ ■ ■

- O OBJETIVO FINAL

Enfim, mais uma coisa: a atenção dada aos sentimentos positivos é primordial no discernimento. O discernimento pede o contínuo ajustamento da sensibilidade aos sinais de vida, por discretos e escondidos que sejam. Contudo, essa busca de sentimentos agradáveis não é um fim em si. Não se trata de, mais que tudo, gozar e ter sempre mais prazeres na vida. Os afetos positivos, seja qual for a forma em que se apresentam, são muito importantes porque indicam o caminho para uma vida sempre mais autêntica. Se é isso que a gente procura, a alegria será dada de acréscimo.

c. Agora e sempre

Podemos fazer discernimento ao longo de toda vida. Isso vale para as grandes escolhas e para as pequenas coisas cotidianas. Discernir é uma maneira de viver. Não terminamos nunca de discernir. A prática dessa arte pode ser cada vez mais aperfeiçoada. A qualidade da atenção pode se tornar sempre mais viva. Experiências de alegria pouco perceptíveis tornam-se fontes de gratidão e de energia nova. Pequenos defeitos pessoais, de que a gente não se dava conta antes, devem fazer-se sentir de maneira mais fina. Assim, a gente pode crescer no amor e se confiar mais à vida que Deus oferece a cada etapa da existência, como, onde e quando ele quer. A vigilância atenta pode ajudar para que não caiamos, tão facilmente como antes, em armadilhas que, às vezes, são muito sutis. Esse crescimento será muito favorecido pela releitura regular da experiência de cada dia[2].

> ▪▪▪
> André tomou a difícil resolução de ir para uma casa de repouso. A independência dele se deteriora rapidamente. Entretanto, experimenta paz e mesmo alegria em sua nova condição de vida. Ele diz a seu filho: "Foi-me dado crescer durante toda a minha vida e continuo crescendo. Agora, tudo é questão de me entregar e repousar."
> ▪▪▪

- SEM GARANTIA DE REPOUSO PERMANENTE

Isso explica por que uma atitude de discernimento não é na verdade garantia de um repouso permanente. A pessoa que deseja se inspirar na plenitude de vida de Jesus topará muitas vezes com toda sorte de inconsistências em seu próprio modo de vida. As pessoas, mesmo gente que está bem, têm o desagradável hábito de se apegar a coisas que não têm verdadeira importância, e adotar hábitos de que não podem orgulha-se.

À medida em que o discernimento nos torna mais sensíveis, invariavelmente seremos confrontados com essas imperfeições e desejaremos corrigi-las. Talvez descubramos que estamos mais presos à nossa imagem do que quereríamos; que a gente se compara continuamente com os outros; que nos permitimos dizer muitas vezes pequenas mentiras; que a gente é muito exigente com os filhos ou com os colegas, mas tolerante para consigo mesmo.

Enfrentar todas essas questões vem geralmente acompanhado de forte dose de resistência. Renunciar aos hábitos e apegos que roem a liberdade pode nos dilacerar. E isso faz mal, mas, ao mesmo tempo, essa luta também abre o caminho para mais autenticidade na vida.

> ▪▪▪
> Depois de uma longa busca, Gabriel se tornou cristão. Foi uma grande mudança em sua vida. Seus amigos estão impressionados com a alegria que Gabriel transmite. E ele mesmo não

---

2   Ver cap. III, "Fazer exercício de discernimento: a releitura", a partir da p. 75.

pode escondê-la. Ao mesmo tempo, Gabriel constata que sua vida não se tornou mais fácil. De certa maneira, ele se sente mais vulnerável do que antes em sua nova vida. Quando se sentia em meio a conflitos, adotava invariavelmente uma atitude de intransigência e dureza. De um tempo para cá, esses mesmos conflitos lhe causam problemas de consciência que ele já não consegue resolver facilmente. Ocorre que eles o levam a se questionar. Às vezes, ele se surpreende, vendo que consegue assumir compromissos. Tudo isso vem junto com muita luta interior, mesmo que ela não apareça exteriormente. Apesar de tudo isso não o deixar numa situação confortável, Gabriel vê que sua qualidade de vida melhorou perceptivelmente.

- DORES DE CRESCIMENTO

Por outro lado, a ausência de tais dores de crescimento não é necessariamente um bom sinal. Se nos sentimos bem demais conosco e com o próprio modo de vida, se nunca nos deparamos com certa resistência, isso pode ser um sinal de que estamos adormecidos. Talvez as coisas estejam niveladas baixo demais. Sem nos darmos conta, pode ser que estejamos deslizando para a mediocridade. Para alguns, trata-se de uma opção, mas a vida tem mais a oferecer. Temos o direito e a possibilidade de crescer ao longo de toda a vida e de sentir a alegria que isso traz. Os esforços dessa luta são o preço a pagar por tal crescimento. Para a pessoa que quer viver plenamente, o combate interior é a regra, não a exceção. E os frutos não tardarão.

d. Com um guia

O discernimento é algo estritamente pessoal. Ninguém pode fazer por você, porque ninguém tem acesso ao que se passa na intimidade do seu coração. Contudo, é muito bom que se possa, de tempos em tempos, apelar a um guia ou confidente para o discernimento. De preferência, alguém com experiência, que escuta com respeito e ocasionalmente faz um questionamento ou dá uma sugestão. Será uma bênção se, com toda a confiança, você puder partilhar sua busca pessoal com alguém que sabe escutar.

Um amigo pode exercer esse papel, mas a amizade não deve impedi-lo de manter uma distância necessária. Isso é um pré-requisito para poder realmente escutar e, se necessário, fazer a pergunta certa ou fazer uma ressalva.

- APRENDER A EXPRESSAR-SE

O simples fato de ter ocasião de expressar o que se passa na gente pode ajudar a ter uma ideia mais precisa do que acontece na alma. As palavras permitem compreender melhor que a experiência sentida tem importância, mas continua vaga e não bem captável enquanto não articulada em palavras. Para muita gente, tomar consciência dos próprios sentimentos, dar-lhes nomes e daí concluir que ações realizar, é um território inexplorado.

> ...
> Elise treina *kickboxing*, e seus dois irmãos também. Recentemente, com certa dúvida, foi ver o espetáculo de balé de Eva,

sua melhor amiga. Elise ficou muito impressionada. Não consegue expressar bem o que se passou nela. Em sua família, não se comenta sentimentos. O certo é que foi muito profundo o que ela sentiu. Agora, quando passa diante da escola de balé, volta a experimentar aquele sentimento. Elise não sabe mais o que fazer. Deveria mudar seu projeto? Eva, por sua vez, escuta, sem comentar muito. Foi a primeira conversação de uma longa série de outras.

...

Não é necessário, e às vezes nem desejável, apresentar os fatos com todos os detalhes. É preferível concentrar a atenção sobre o que esses fatos fazem nascer no coração. Que movimentos afetivos provocam e como se desenvolvem? Desse modo, torna-se possível discernir, com outras pessoas, sobre assuntos muito pessoais e até mesmo íntimos, de maneira segura e não indiscreta.

...
Rubem está casado com Helena há vários anos. Por ocasião de uma festa de funcionários, passa a noite com uma colega. Ele não queria isso, mas aconteceu. Rubem está prostrado, devastado. De tempos em tempos, vai passear com seu velho tio, em quem tem grande confiança. Rubem decide falar daquele incidente. No começo da conversa, Rubem está bem tenso. Essa tensão vai desaparecendo quando percebe que o tio não está nada interessado em detalhes. O tio quer saber como Rubem administra aquele acontecimento em sua vida interior e como ele pode, agora, continuar a viver melhor com Helena.
...

- PONTOS CEGOS

Esse acompanhamento discreto pode ser particularmente precioso quando a gente se vê confrontado com escolhas importantes. Inclusive quando atravessa uma fase difícil. Um companheiro de estrada pode impedir que a gente se perca "pelos castelos da Espanha", e ele pode também chamar a atenção para os pontos cegos do discernimento.

...
Luís vive momentos difíceis com seu filho mais novo, um adolescente. Luís tem a impressão de que ele mesmo, como pai, está fracassando. Sente-se totalmente desencorajado. O encontro com um outro pai de adolescente, com o qual tem um relacionamento de muita confiança, lhe mostra que ele perdeu completamente de vista a experiência positiva vivida com seus outros filhos. Também com eles, passou por altos e baixos com sucesso. Esta perspectiva dá a Luís nova coragem e renovada confiança. Claramente, ele tem mais experiência e habilidade do que imaginava.
...

- A EXPERIÊNCIA DOS OUTROS

Um guia também pode convidar aquele que está fazendo um discernimento pessoal a aproveitar a experiência de discernimento da comunidade humana no sentido amplo. No passado, numerosas gerações de pessoas têm discernido sobre questões similares. Não é preciso que abramos um caminho novo toda vez.

> ...
> A relação de Dalva está passando por um período difícil, mas faz-lhe bem quando ouve de uma pessoa sábia que isso não tem nada de excepcional e que acontece com a maior parte dos casais. A experiência geral dos outros mostra que vale realmente a pena se acalmar e que as experiências de crise apresentam-se muitas vezes como preciosas ocasiões de crescimento.
> ...

- DESMASCARAR AS CILADAS

A conversa com o guia tem a vantagem de poder ajudar a desmascarar as armadilhas ou os problemas feitos de muitas peças. Tipicamente, os pensamentos negativos têm a tendência de crescer constantemente, tornando-se sempre mais ameaçadores e mais prejudiciais, principalmente se a gente não os expressa. A gente anda em círculos e o problema parece tornar-se mais e mais dramático. Quebrar a lógica sufocante desse silêncio pode ser suficiente para amainar o medo. Às vezes, esse medo desmorona como um castelo de cartas.

> ...
> Desde longos anos, Jane vive uma história maravilhosa de amor com seu companheiro. Eles passaram por muitas coisas. De repente, Jane se dá conta que está loucamente apaixonada por um vizinho. Ninguém sabe, nem o vizinho. De noite, não consegue mais dormir e o dia inteiro ela se sente bombardeada pelos pensamentos mais loucos. Todo o seu mundo parece se afundar. Jane toma coragem e conta a uma amiga o que está acontecendo. Enquanto fala, sente-se menos pressionada. De fato, isso talvez não seja tão dramático. Todo mundo pode se apaixonar. Todo ser humano pode passar por uma situação dessas. Há até algo de cômico nisso. Claro, Jane tem todo interesse em administrar com cuidado esse golpe. Ela e a amiga vão procurando diferentes pistas para dominar a situação. Ao entrar em sua casa, Jane percebe que retomou a

confiança em si. Ela quase acha estranho ter se visto, há apenas uma hora atrás, em toda aquela situação anterior.

...

3. A confirmação do discernimento

No fim de um discernimento, pode-se colocar a questão da confirmação. A bússola da alegria, da paz, da confiança e do entusiasmo é direcionada daqui para frente numa direção bem clara. A decisão foi tomada. A questão agora é saber se esse discernimento vai resistir à prova do tempo, no interior e no exterior. Em outras palavras, o resultado do discernimento foi bom?

- CONFIRMAÇÃO INTERIOR

A confirmação interior de um discernimento significa geralmente que a gente tem sentimentos de paz, confiança, entusiasmo, alegria. Porém, essa confirmação muitas vezes não é imediata. Especialmente se o discernimento tinha como objetivo uma escolha a fazer. Escolher permite ir em frente. E isso também significa que dali em diante certos caminhos estão fechados, às vezes de modo definitivo, porque foi decidido renunciar a certas alternativas. À medida que essa tomada de consciência se reforça no tempo que segue ao momento da escolha, pode produzir verdadeiro sofrimento. Escolher significa renunciar. Por isso, não é de estranhar que se passe por altos e baixos no período posterior a tal escolha. Não existem somente movimentos afetivos positivos, mas também dúvidas, agitação, ansiedade e outros sentimentos negativos. A escolha é posta à prova. É bom e necessário que se passe por isso.

A confirmação interior significa que esses sentimentos negativos vão se extinguindo progressivamente. Ela permite dar-lhes um lugar e constatar que o entusiasmo, a paz e a confiança na justeza da escolha são suficientemente fortes para enfrentar a dor do luto. A gente sente que se está pronto para pôr a mão na massa.

...

Desde criança, Simão tem duas paixões: o piano e o chinês. Aos 17 anos, impõe-se a ele a questão de escolher seus estudos futuros. Simão gostaria muito de ficar com as duas coisas, mas se dá conta que isso não é possível. Após um discernimento difícil, escolhe o chinês. Durante as aulas e quando estuda em casa, sente muita animação, o que faz com que o estudo do chinês, apesar de difícil, vá quase acontecendo de forma espontânea, mas basta que ele veja um piano, ou mesmo que escute uma música, para que seu coração se ponha a sangrar. De vez em quando, Simão se questiona se ele não se traiu. Depois de uns meses, esse jovem vê com alegria que ele pode voltar a tocar piano à noite. Durante esse tempo, o estudo do chinês continua progredindo.

∎∎∎

As coisas podem também evoluir de modo diferente.

∎∎∎

Emília discerniu que sua vocação é tornar-se religiosa. Algumas curtas permanências numa comunidade de monjas confirmaram esse desejo de infância. Emília sente profunda paz ao ser admitida na comunidade. Passados seis meses no convento, pareceu-lhe claramente que, apesar de não se ter dado conta, ela também tinha grande desejo de ter filhos. Esse desejo se mostra tão forte que a perspectiva de renunciar a ele definitivamente a tornava profundamente infeliz. Essa tristeza aumenta cada vez mais e lhe tira a paz. Em combinação com a superiora do convento, Emília decide deixar a comunidade.

∎∎∎

- CONFIRMAÇÃO EXTERIOR

É bom conseguir uma confirmação interior. Contudo, às vezes isso não basta. A pessoa humana é mais que seus sentimentos afetivos e seus pensamentos. Ela é também um corpo que vive num certo lugar e num tempo determinado. A pessoa humana vive numerosos relacionamentos humanos, seja na família, seja na igreja, seja em seus compromissos profissionais, ou outros. Tais elementos exteriores são o mundo no qual cada um vive. Um discernimento pessoal deve também ser confirmado pelo mundo exterior, caso se queira que ele seja real e realizável. Não se faz discernimento no vazio.

∎∎∎

Eugênia vai avançando em idade. Ela pretende morar na cidade. Depois de ter refletido bem sobre a questão e ter buscado informações, resolve esperar mais tempo para discernir.

Seu discernimento a leva a vender sua fazenda e procurar um apartamento na cidade. De vez em quando, Eugênia sente medo e tristeza. Ao mesmo tempo, sente que sua escolha de mudar de lugar é boa. Está agora totalmente segura de sua decisão. Mas acontece que ninguém quer comprar sua pequena propriedade. Há algumas semanas, foi anunciada a construção de uma nova autoestrada que passaria ao lado da fazenda. Essa triste realidade põe em questão sua escolha feita com tanto discernimento!

O Irmão José é o fundador carismático e o superior de uma comunidade cristã numa cidade grande. O silêncio e a oração estão no centro do projeto. Com o passar dos anos, a comunidade se desenvolveu e novas estruturas de organização foram criadas. Depois de certo tempo, o Irmão José tem a intuição de que a comunidade deveria também assumir um compromisso social. No fim de um longo tempo de discernimento pessoal, sua intuição se transforma em certeza interior. Ele convoca o conselho da comunidade para dar a conhecer sua convicção. O regimento prevê que as mudanças maiores devem ser aprovadas por pelo menos três quartos dos membros. Irmão José duvida que seu plano receba apoio suficiente. Após algumas semanas, realiza-se a votação. E ela mostra que a comunidade está quase unanimemente a favor da proposta de José. Agora é possível o engajamento concreto nessa nova direção.

▪▪▪

- CONFIRMAÇÃO PELOS FRUTOS

Existe outra confirmação exterior. Os frutos da escolha, aquilo que a escolha traz ou produz também pode ser um elemento de confirmação.

▪▪▪

Henrique, Alice e seus filhos escolheram mudar de residência. Toda a família se sente rapidamente à vontade na nova casa e na nova cidade. Qualquer dúvida está dissipada.

Ema tomou a decisão de parar de trabalhar como assalariada e sonha começar a trabalhar por conta própria. No entanto, o mercado de jornalistas independentes não é muito favorável.

Ainda assim, após poucos meses, ela tem muitos contratos e ganha garantidamente sua vida. Ema se sente como peixe na água em seu novo mundo profissional, apesar de antes de tomar a decisão ter duvidado se se sentiria bem nele.

■ ■ ■

- O FATOR TEMPO

A questão da confirmação mostra claramente que o tempo e a paciência são necessários para o discernimento. Não se pode discernir às pressas, com precipitação. O discernimento não é uma operação puramente técnica que a gente realiza apertando um botão. Alguns gostariam que fosse assim, pois a cultura dos números nos familiarizou com o instantâneo. Não existe, porém, algoritmo no discernimento. Ele se faz passo a passo. As experiências, as perspectivas, as alternativas precisam de tempo para serem pensadas, e pesadas pelo coração. Como toda e qualquer realidade humana, a escuta do Espírito de Deus exige vagar.

∎ ∎ ∎

Quintino ocupa um posto de responsabilidade num hospital. Está apaixonado pelo trabalho. Apesar disso, aceita a proposta de assumir a direção de uma grande casa de repouso do mesmo grupo. Quintino tem muito prazer nisso. Entretanto, agora seu tempo de viagem é bem mais longo. Tem a obrigação de tratar de certos assuntos que o tiram da zona de conforto. Alguns anos depois, seu antigo chefe lhe propõe voltar ao antigo posto, com um belo aumento de salário como brinde. De imediato, Quintino não sabe que decisão tomar. Ao redor dele, as pessoas estranham aquilo que parece uma indecisão em Quintino. Entretanto, ele não se perturba porque tinha tomado a decisão de sempre reservar algum tempo para discernir. Uma vez tomada a decisão, concede um tempo suplementar para ver se sua escolha se confirma.

∎ ∎ ∎

I · | II | · III · IV · V · VI · VII · VIII · IX · X

A INTERAÇÃO DO CORAÇÃO, DA INTELIGÊNCIA E DA VONTADE

Discernir não significa que a gente se deixa levar por emoções superficiais. Também não significa que prevalece a razão objetiva, impessoal. E tampouco significa que progredir na vida é questão de vontade. O discernimento inaciano se baseia sobre uma interação sutil de três importantes faculdades humanas: o coração, a inteligência e a vontade. Este capítulo examina a contribuição de cada uma dessas três faculdades.

1. O coração é o ponto de partida

O ponto de partida e a matéria prima do discernimento é o que se passa no coração. Ouvir seus sentimentos é mais complicado do que pode parecer.

a. De que sentimentos se trata?

Há diversos níveis nos sentimentos humanos. Nem todos são apropriados para se fazer o discernimento.

O discernimento não se faz ao nível das camadas superficiais ou exteriores do sentimento afetivo. Não se trata de saber se a gente começou o dia com pé direito ou se está de mau humor. Isso levaria rapidamente a uma ditadura dos sentimentos superficiais: *eu gosto, por isso faço*, ou: *não gosto, por isso não faço*. O discernimento também não se faz a partir de emoções passageiras, muitas vezes artificiais. As sensações fortes podem produzir adrenalina, podem dar prazer. No fim, porém, não deixam senão poucos traços duradouros. Podem também deixar uma sensação de vazio.

> ...
>
> Laura se sente muitas vezes só. Recentemente instalou o aplicativo de encontro Tinder em seu *smartphone*. Seus amigos lhe asseguram que isso vai mudar sua vida. De vez em quando, Laura vive uma aventura de uma noite. Isso lisonjeia seu ego. Tais encontros são geralmente agradáveis. Ela também gosta da expectativa que sente nas horas que precedem aos encontros. Inclusive gosta de se orgulhar de seus sucessos junto às suas colegas, mas não lhes conta tudo. Quando de manhã cedo seu namorado de uma noite a deixa, ela se sente horrível e precisa de vários dias para reencontrar o equilíbrio.
>
> ...

Além disso, esses sentimentos superficiais ou provocados artificialmente têm a característica de serem facilmente manipulados. A publicidade e a tecnologia digital respondem a isso muito inteligentemente e não são de confiança quando se trata de fazer um discernimento.

- A INTERIORIDADE AFETIVA

O discernimento pede, de antemão, que se entre em contato com os movimentos afetivos que se produzem num nível mais profundo da experiência: o nível da interioridade afetiva. É lá que se encontram os sentimentos que não mudam todo tempo. Eles são bem menos suscetíveis de serem manipulados, duram mais, não dependem dos hormônios, faça o tempo que fizer, e dizem algo sobre o que realmente é importante para a pessoa. Em geral, não se manifestam muito. Por isso, não são facilmente percebidos. Contudo, por causa de sua duração maior, seu impacto e sua importância são grandes. A interioridade afetiva diz algo sobre a verdade da vida da pessoa. A interioridade é o lugar onde os cristãos creem poder ouvir a voz de Deus.

- SENTIMENTOS POSITIVOS E NEGATIVOS, CONCRETAMENTE

Os sentimentos positivos da interioridade afetiva vão geralmente numa orientação que se aproxima daquilo que a verdadeira vida significa para a pessoa. Para os cristãos, eles são muitas vezes o sinal de uma aproximação de Deus e podem tomar muitas formas.

Concretamente, podem ser sentimentos de confiança, repouso, gratidão, amor, alegria, tranquilidade, doçura, paixão, bom humor, segurança, paz, tranquilidade, espaço, conexão, abertura, interesse, realização. Pode-se também sentir algo no nível de uma experiência mais intelectual: sentir que se obtém uma resposta, que a inteligência se abre, que as peças do quebra-cabeça se encaixam ou que se compreende enfim do que se trata certa questão.

Os sentimentos negativos falam geralmente de um caminho que afasta da vida, por isso provocam um afastamento em relação a Deus.

Eis alguns exemplos: amargura, tristeza, dureza, fechamento, desgosto, frieza, ansiedade, vergonha, desconforto, tormento, frustração, desconfiança, medo, inveja, agitação, vazio, apatia, perda, tédio, apatia, preguiça. Os sentimentos negativos podem igualmente se expressar num plano intelectual, e então podem estar relacionados a confusão, dispersão, distração.

- OS SENTIMENTOS PESSOAIS

Não levar em consideração os próprios sentimentos por ocasião de um discernimento é um erro que se comete com frequência. Aqueles que orientam o discernimento conferem tal importância ao que as pessoas sentem, que procuram conservar os sentimentos pessoais à parte da situação presente. Isso pode ir tão longe que, em lugar de escutar seu próprio coração, deixam-se guiar pelo que os outros sentem.

...

> Pela primeira vez em sua vida, Alexandre se aventurou a participar de um retiro em silêncio numa abadia. A paz e a calma foram uma bênção. Jamais Alexandre esteve tão perto do essencial de sua vida. O retorno para casa, porém, foi doloroso.

Seus companheiros de quarto reagiram com irritação ao que ele contava. Diziam-lhe que aquilo soava claramente como lavagem cerebral. Alexandre começa a ter dúvidas: será uma boa ideia fazer outro retiro desse tipo? Entretanto, ele continua a se sentir bem e profundamente em paz toda vez que relembra aquele fim de semana na abadia.

...

Sem dúvida, é importante saber o que as pessoas em nosso redor pensam e sentem a propósito das coisas importantes de nossa vida. Principalmente quando se trata de pessoas que nos amam, e que por isso podem nos conhecer mais intimamente. Do que dizem, pode-se tirar informações importantes sobre o que é, ou não, importante. Além disso, em certa medida, a vida dessas pessoas faz parte da nossa. Por isso, é bom ter em conta o que o coração delas diz. Entretanto, em última instância, o nosso coração é o único lugar onde todas as informações se encontram. Cada pessoa é a única que pode discernir o que é importante para ela.

...

Ana é casada com Jean. Ela é professora no ensino médio há quinze anos. Em breve, o diretor se aposentará. Jean pensa que sua esposa é a candidata ideal para sucedê-lo. Isso o tornaria orgulhoso e feliz, mas Ana não tem nenhuma vontade de ser diretora. Sua vocação é ensinar e estar em contato com os jovens. A perspectiva de se tornar diretora lhe dá arrepios. Ela nem dorme mais de noite. Ela ama muito seu marido. Tem apreço pela opinião e pelos sentimentos dele e falou com ele sobre a questão. Entretanto, ela escolhe deixar seus próprios sentimentos serem o fator decisivo. No fim das contas, é, de fato, Ana quem deverá assumir a responsabilidade por sua escolha.

...

Seus sentimentos pessoais são o ponto de partida indispensável para seu discernimento. Sem dúvida, isso não significa que os sentimentos dos outros não tenham pertinência. Pode ser muito útil examiná-los, mas de forma apropriada.

...

Alessandra adora seu irmão mais novo Sebastião, e vice-versa. Sebastião é um jogador de basquete apaixonado. Porém Alessandra nunca se interessou pelo basquete. Apesar disso, ela vai regularmente ver as partidas de Sebastião. Ela sabe que ele sempre fica feliz quando sua irmã mais velha o apoia. Ela nota que Sebastião adoraria que ela também jogasse basquete. Porém, depois do jogo de Sebastião, Alessandra faz sempre sua corrida. É o esporte dela. Ela não quer mudar.

...

- SABOR QUE FICA

Enfim, também é importante considerar a experiência afetiva a mais longo prazo. Inácio recomenda particularmente não só prestar atenção ao sentimento afetivo no momento da própria experiência. Para discernir bem, é preciso prestar atenção ao que continua ressoando em nós.

Um acontecimento pode vir acompanhado por uma grande alegria na hora, mas pode ser que a pessoa sinta depois uma ressaca. Ou ainda, se ela volta a pensar no assunto, pode não se sentir mais contente; mas triste e vazia.

...

Marco estava furioso com seu colega e lhe deu a entender imediatamente de um modo nada brando. No momento em que extravasou sua raiva, sentiu certo bem-estar, mas agora, está muito chateado em relação a esse colega, com quem ele tinha tão boas relações de trabalho.

...

Inversamente, pode-se ter uma experiência que no momento em que ocorre é difícil e até dolorosa. No entanto, ao mesmo tempo pode ser que se constate num nível mais profundo uma calma e uma satisfação que continuam durando.

...

Luzia é uma pessoa prática, pouco intelectual. Sabe, por experiência, que a formação permanente é uma provação para ela. Assim, ela se sente pouco segura, e mesmo nervosa, quando pensa em mais um período de formação. O trabalho atrai muito sua atenção e por isso ela fica contando as horas. Contudo, depois de trabalhar Luzia também sempre sente satisfação. A experiência lhe ensinou que no fim das contas mais formação lhe faz bem. Apesar de os cursos virem acompanhados por sentimentos negativos, Luzia se inscreve todos os anos.

■■■

Esse sabor, essa sensação positiva ou negativa que fica, é um indício importante para saber se uma atitude, um relacionamento, uma experiência ou um acontecimento são um caminho em direção a mais ou menos vida para a gente.

b. **Os sentimentos são diferentes dos ideais, dos valores e das normas**

Ter recebido uma sólida bagagem de valores e normas durante a educação é uma bênção. Eles são elementos básicos, preciosos para o desenvolvimento de uma personalidade, são balizas que ajudam dia a dia a nos orientarmos no mundo, às vezes um tanto louco. Todavia, também é importante não confundirmos nossos sentimentos com esses valores, normas e ideais.

- FERRAMENTAS, NÃO DIRETRIZES OBRIGATÓRIAS

Os valores, as normas, os ideais são objetivos e fixos. Como tais, eles não dizem o que é importante ou significativo para a gente num caso particular, nem qual seria a melhor maneira de proceder. Eles são simplesmente uma ajuda. Nem menos, nem mais.

Concretamente, isso significa que é possível que a interioridade afetiva dê à pessoa sinais diametralmente opostos a certos valores, normas ou ideais que lhe são caros. Isso não significa que esses valores ou ideais não são importantes em si, quer simplesmente dizer que o coração, nessa situação concreta, dá prioridade a outros valores e uma orientação diferente.

■■■

Natan tem em grande estima o ideal de se engajar por um mundo mais justo. Fazem-lhe a proposta de assumir, como voluntário, uma responsabilidade numa organização humanitária. Natan não se sente realmente bem diante dessa proposta. Ele percebe em si uma agitação e uma tensão crescentes. Essa perspectiva o paralisa, em vez de lhe dar energia. Como, então, uma pessoa pode se sentir mal diante de uma coisa que lhe parecia convir perfeitamente? Quando ele co-

Aprender a discernir

meça a pensar e a refletir mais sobre isso e torna-se claro que simplesmente não tem tempo para assumir aquilo. Natan já está completamente ocupado e dizer um sim agora não seria uma boa ideia. A moderação também é importante. Eis a mensagem que seu coração lhe envia.

■ ■ ■

c. O nível dos sentimentos objetivos

Às vezes, ouvem-se expressões como estas:

> "Eu sinto que não poderei jamais perdoar a meus pais por aquilo".
> "Eu sinto que devo tirar meu filho dessa escola".
> "Eu sinto que devo comprar um carro novo".

Propriamente falando, aqui não se trata de sentimentos. Não há um sentimento preciso que corresponda ao fato de não poder perdoar, de mudar de escola ou de carro. Trata-se da interpretação de fatos e de sentimentos, tais como a raiva, a irritação ou a frustração, que os acompanham.

Essa distinção entre os fatos e os sentimentos é importante. Por definição, os sentimentos são pessoais e subjetivos. Cada ser humano é atingido de maneira única pelos acontecimentos. Ao mesmo tempo, os sentimentos têm também algo de objetivo e de incontestável. Alegria é alegria. O luto é luto, e a esperança é esperança. Não há muita possibilidade de discussão a esse respeito.

- NÃO "EU SINTO QUE..."

Muitas pessoas começam a interpretar de forma imediatista o sentimento afetivo e o incluem em análises, em resoluções... Contudo, isso é um engano. É que os sentimentos têm qualquer coisa de indefinível. Escapam ao nosso controle. Querendo explicá-los ou interpretá-los, assumimos o comando de nossa inteligência. Isso dá segurança. E nada há de mal nisso, mas se deixamos essas interpretações serem precedidas por *eu sinto que*, tais interpretações obtêm uma aparência de objetividade e, por isso, parecem ser algo indiscutível, como se fossem verdadeiros sentimentos. Entretanto, aquele que interpreta pode se enganar, mesmo quando se trata de interpretar o que ele mesmo sente afetivamente. Assim, desde o início, o discernimento periga estar baseado numa hipótese errada. Apesar de nossa boa vontade, mesmo com as melhores intenções, podemos nos enganar.

...

> Júlia tem aulas de dança. O motivo que ela deu para se inscrever no curso é ter notado sua ausência de senso de ritmo. De fato, Júlia não se sente bem em seu corpo. É um tema sensível para ela e espera que a dança a ajude. O professor do curso percebe rapidamente que Júlia está com alguma dificuldade. De vez em quando, ele lhe dá discretamente uma sugestão que ela associa, com acerto, a seu problema. Como isso se repete mais vezes, ela chega a uma conclusão que na verdade é uma fuga: "Acho que o professor de dança não é bom. É melhor que eu deixe o curso de dança". Júlia podia ter pedido uma reunião com o professor. Ele poderia lhe ter sugerido ir falar com um psicólogo. Agora, pela enésima vez, Júlia brinca de esconde-esconde consigo mesma.

...

- MAS "EU ME SINTO..."

Se a gente quer de fato discernir, é necessário partir do nível dos sentimentos originais, não tratados. Em seguida, colocá-los ao lado dos fatos que deram origem a esses sentimentos. Com a inteligência, pode-se então procurar uma possível explicação. Existe um instrumento simples para evitar esquecer, passar ao lado desses sentimentos brutos: não começar sua frase por *eu sinto que*, pois, após esse início de frase, quase inevitavelmente segue uma interpretação. Melhor é começar por *eu me sinto*. Em seguida, é provável que se chegará diretamente ao sentimento enquanto tal, a matéria prima do discernimento.

...

> No curso de dança, Júlia se sentia simplesmente desconfortável, ansiosa e oprimida porque era obrigada a se ocupar com seu corpo. O professor de dança a convidou prudentemente a trabalhar seu bloqueio. Dizendo "eu sinto que ele não é um bom professor", ela tornava isso impossível. Sob o pretexto de considerar seriamente seus sentimentos, Júlia os faz calar, dando uma falsa explicação.

...

Aprender a discernir

d. Os sentimentos podem ser ambivalentes

Nem todos os sentimentos negativos indicam uma direção má. Inversamente, nem todos os sentimentos positivos indicam uma direção boa.

Toda pessoa que cometeu um erro grave pode sentir um intenso arrependimento. O arrependimento significa que estamos desolados por aquilo que aconteceu e que temos a intenção de não o fazer mais no futuro. O arrependimento não dá prazer. Ele machuca, a gente se sente mal. É um sentimento desagradável, mas é sinal de que você está no bom caminho.

Há muita perseguição entre as pessoas. Algumas sentem prazer nisso. Se divertem com isso. A maioria delas concorda que essa atitude não é recomendável. No entanto, em alguns aspectos, ela é acompanhada de sensações agradáveis. Sobretudo no momento em que é praticada.

- O ANJO MAU QUE SE TRANSFORMA EM ANJO DE LUZ

A situação pode se apresentar de maneira bem mais sutil.

...

> Helena é estudante e precisa entregar um trabalho na segunda-feira. Ela precisa aproveitar o fim de semana para trabalhar nessa tarefa. Helena não é uma grande musicista. Entretanto, sem saber por que, na sexta-feira à noite, pela primeira vez depois de meses, ela pega sua guitarra. Ela adora fazer isso. "Boa ideia", diz uma vozinha no coração dela, "Você não toca seu instrumento faz tempo". E Helena vai tocando por horas a fio nesse fim de semana. Com paixão e satisfação. No domingo à noite, seu trabalho de escola não está pronto. Na verdade, ela está em má situação e se sente mal. Contudo, tocar lhe fazia tanto bem!

...

Para esse caso, Inácio usa uma imagem um pouco especial. Ele fala de *anjo mau que se transforma em anjo de luz*. Sob a aparência de algo bom — o anjo de luz — você está de fato sendo empurrado na direção errada pelas forças do mal. Tocando sua guitarra, Helena evitava ficar destreinada. Esse sentimento agradável parecia confirmar que a ideia de tocar era boa. No fim mostrou que tinha sido um engano.

- CÓLERA SANTA

A cólera, a raiva, não indicam normalmente um caminho em direção a mais vida, e vale a pena evitá-la. Contudo, há uma cólera santa: uma cólera unicamente motivada pela indignação perante a injustiça, e que, por isso, pode ter um efeito positivo.

...

> Um exemplo bem conhecido é a cena do evangelho em que Jesus, encolerizado, expulsa os vendilhões e os trocadores de dinheiro do Templo de Jerusalém. Ele os acusa de terem transformado a casa de Deus em covil de ladrões.

...

A experiência mostra que é importante ser prudente quando sentimos que a cólera vai surgindo em nós. Aceitá-la ou não? A cólera santa não é dada como dom senão a pouca gente. Muitas vezes, a cólera tem origem na irritação pessoal, na impotência, na fadiga ou num ego ferido bem mais do que numa santa indignação. É de notar que os auditores estão muitas vezes perfeitamente em condições de fazer a distinção entre essa cólera santa excepcional e a cólera ordinária, puramente humana. Quando se percebe que é esta última que está em ação, mesmo que haja uma parte de cólera santa, o efeito pode ser negativo.

A conclusão é clara. Os sentimentos podem ser ambíguos. Eles não falam sempre por si mesmos. É preciso saber interpretá-los. O discernimento não se faz só com o coração. A inteligência também é importante.

2. O papel da inteligência

O discernimento inaciano toma como ponto de partida o que se passa no nível da interioridade afetiva. A experiência afetiva é a matéria prima. A inteligência — a razão objetiva — é igualmente importante, ainda que secundária. A dinâmica do discernimento inaciano incumbe a inteligência de trabalhar as informações fornecidas pelo coração.

a. Tomar consciência do que se sente no interior

A inteligência pode ajudar a nos tornarmos mais conscientes do que se passa no coração. Verbalizar e exprimir o que sentimos no interior pode ser uma etapa importante no processo do discernimento.

Para a maioria das pessoas, não é fácil ouvir seus sentimentos. Mesmo que estejam conscientes de sua vida afetiva profunda, desconfiam. Os sentimentos podem gritar alto, mas muitas nem aceitam a possibilidade de considerá-los com verdadeira seriedade.

> •••
> Rosa Maria liga para sua melhor amiga e se põe imediatamente a chorar. Pela enésima vez, ela acaba de discutir com sua irmã. No meio dos soluços, conta como a discussão começou. Está muito sentida agora. Contudo, durante a conversa com a amiga, ela repete várias vezes: "Eu tenho a razão. Fiz o que devia fazer". Depois de Rosa Maria ter desabafado e acalmado um pouco o coração, sua amiga lhe pergunta com muito jeito: "Você diz que vai fazer a mesma coisa na próxima vez.

Contudo, se sua atitude para com sua irmã era de fato a atitude boa, como explicar que você esteja tão triste?" Rosa Maria não sabe o que responder. Nunca tinha pensado nisso.

...

Ouvir o que se passa no nível de sua *interioridade* afetiva, exprimir seus sentimentos e considerá-los seriamente são coisas que se pode aprender. A prática aperfeiçoa. Pode também ser muito útil falar com uma pessoa sábia, mas nem sempre a pessoa está disponível quando surge a necessidade. O meio mais simples para aprender a ouvir seus sentimentos é a releitura[1]: conscientemente dedicar algum tempo para reler sua experiência e procurar atentamente *aquilo que* tocou você, e *como* isso ocorreu.

b. Interpretação dos sentimentos interiores

A etapa seguinte consiste em ordenar e interpretar os sentimentos. O sentimento interno pode parecer complexo, contraditório e caótico. O que é bom no início pode terminar mal e vice-versa. A inteligência então age e pode nos dar a capacidade de ler o livro dos sentimentos interiores. Assim, pode surgir uma visão mais precisa do que esses sentimentos são capazes de ensinar sobre o que é importante para a pessoa e a melhor maneira de os trabalhar. Os cristãos creem que, dessa maneira, eles podem descobrir em seus corações os desejos de Deus para eles.

- DIFERENTES NÍVEIS DE SENTIMENTOS

A inteligência consegue estabelecer uma distância em relação à experiência imediata, a fim de poder distinguir os diferentes níveis e tipos de sentimentos. Não existe somente o nível superior dos sentimentos, muitas vezes superficiais e fugazes. Por baixo deles está outro nível, mais profundo e mais estável: a interioridade afetiva. Os recursos que a inteligência fornece podem nos ajudar a não nos deixar levar pela volatilidade dos sentimentos do nível superior. É possível aprender a permanecer em ligação com esses sentimentos mais fundamentais.

...

No fim do dia, Luíza está completamente esgotada por causa da adolescente que perambula pela casa. Luíza se sente de-

---

1 Ver cap. III, "Fazer exercício de discernimento: a releitura", a partir da p. 75.

sperada e encolerizada. Será que isso não vai acabar nunca? Há anos, Luíza tem o costume de reler seu dia ao final da noite. Hoje também essa releitura lhe permite, apesar das experiências negativas, reencontrar uma paz e uma confiança mais profundas que, como sabe por experiência, também estão presentes nos encontros. Ela sabe que esses episódios desagradáveis se produzem de tempos em tempos. Além disso, também sabe que ela faz um bom trabalho de educadora, e faz sentido para ela que aguente os caprichos de sua filha. No geral, essa adolescente está se desenvolvendo bem. Mais algum tempo, e tudo terminará.

■ ■ ■

- OS FIOS VERMELHOS

Quanto mais a gente faz releitura, tanto melhor adquire consciência do que se passa no próprio interior e dos eventuais movimentos afetivos recorrentes. Se depois disso a gente se dá regularmente tempo para tomar algumas notas sobre os frutos dessa releitura, provavelmente notará semelhanças nesses movimentos afetivos. Aparecem certos fios vermelhos, ou seja, fios que concentram mais energia. Constata-se que tal atitude, tal atividade, tal acontecimento, tal relação particular vêm mais acompanhados por sentimentos positivos ou negativos.

■ ■ ■

Quando Téo está cansado ou tenso, tem a tendência de se recolher. Ele se preocupa com tudo, por qualquer coisa, e muitas vezes memórias dolorosas de um tempo difícil em sua vida vêm à tona. A conclusão então é sempre a mesma: ele se sente infeliz, seco como uma pedra, e isso cria tensões com seu companheiro Hugo. No entanto, Téo também notou que, quando, em tais circunstâncias, ele vai fazer uma corrida e, depois disso, jardinagem, dorme bem de noite e reencontra depressa a boa disposição. Foi a frequente releitura que permitiu a Téo perceber isso.

■ ■ ■

Assim, graças a uma releitura regular, a inteligência consegue objetivar a experiência e tirar disso a lição para não continuar caindo sempre nas mesmas armadilhas.

- A EVOLUÇÃO DOS MOVIMENTOS AFETIVOS

Examinando atentamente o que acontece ao nível de nossa interioridade, podemos aprender e tornar-nos sempre mais a pessoa que somos chamados a ser. Movimentos de descontinuidade ou de mudanças podem se manifestar, e podem ter uma significação particular.

Por exemplo, no começo de uma experiência ou de um acontecimento, uma pessoa pode se sentir verdadeiramente levada pela confiança, pela esperança e energia. E sente que isso é o certo. Porém, esse sentimento agradável pode se diluir pouco a pouco. No fim, há agitação, tristeza ou raiva. Inácio aconselha a fazer uma boa releitura e inclusive a agir contra isso. O objetivo é voltar àquele momento em que os sentimentos positivos se transformaram em negativos. Qual a causa dessa virada? O que foi que aconteceu? Possivelmente, tudo que aconteceu diz muito sobre o modo como se tratam certas questões ou sobre o impacto que é consequência de certo tipo de relações que temos com os outros. Tal perspectiva pode ensinar a ajustar uma ou outra das nossas atitudes. Assim se pode aprender, relendo a própria vida com discernimento.

...

Sofia trabalha com uma equipe médica. Ela é muito criativa e tem certas ideias para melhorar toda a organização. É apoiada pela direção. Começa com muito entusiasmo. Depois de certo tempo, porém, ela constata que a reorganização ameaça não dar certo. O relacionamento com os colegas se torna mais difícil. A direção começa a ter dúvidas. No começo, Sofia se sentia plena de energia, mas agora se torna agitada, hesitante e começa a perder a coragem. Na releitura que faz, se sente fortemente questionada. Ela se dá conta de que as coisas começaram a ir mal desde o momento em que ela precisava da colaboração dos colegas. Na verdade, ela mesma queria decidir tudo. Não tinha deixado espaço para os outros apresentarem sua opinião. Agora sabe por que. No fundo, é a falta de autoconfiança que a faz querer controlar o jogo. Essa percepção é libertadora. Mesmo que seja difícil para ela, agora Sofia escolhe conscientemente deixar os colegas participarem na elaboração da reorganização. No fim das contas, tudo termina bem. Sua ideia criativa levou a uma excelente reorganização e Sofia cresceu como ser humano. A satisfação é grande.

...

- O CRITÉRIO DA DURAÇÃO

Ao fazer a releitura, é bom prestar atenção à duração do que foi sentido interiormente. Pode ser que a alegria sentida persista e continue depois do acontecimento que a provocou. Ou que a recordação dessa experiência continue dando alegria por mais tempo. Isso geralmente indica que aquilo que foi sentido é de fato bom.

Ao contrário, pode ser que se perceba uma experiência como agradável no momento em que ocorre, mas depois a gente não sinta mais nenhuma alegria.

> ...
> Lucas costuma beber algo com Agostinho no fim da semana de trabalho. Eles são bons amigos, mas Lucas percebe que após esse encontro semanal ele se sente cada vez mais vazio e insatisfeito. No início, faziam um esporte juntos e depois conversavam tranquilamente por algum tempo. Contudo, ultimamente pararam de fazer esporte e só restou o bar. Olhando para trás, Lucas se dá conta de que durante os encontros ficam cada vez mais falando mal de seus colegas.
> ...

3. O papel da vontade

Depois do coração e da inteligência, a vontade é o terceiro e último ator no discernimento. Ela possibilita terminar o discernimento, concretizando-o na vida.

A ela compete a capacidade de decidir, de fazer as escolhas e de perseverar nelas. A vontade permite viver mais segundo o desejo que a gente discerniu com a inteligência e o coração. Inversamente, permite também evitar certas ciladas. Pode-se escolher conscientemente não ceder ao convite de uma alegria superficial, quando já se aprendeu que ela termina em pura desilusão. Desse modo, podemos orientar deliberadamente nossa vida na direção que terá como fruto uma alegria durável.

> ...
> Para Lucas, ficou claro. Ele quer assumir aquilo que — como vimos anteriormente — ele discerniu sobre o andamento de seus encontros semanais com Agostinho. Sua amizade lhe é muito cara, mas esses papos não podem continuar. Lucas decide falar sobre isso com Agostinho no próximo encontro.

Agostinho também já não se sentia bem com aquelas conversas. De comum acordo, decidem voltar ao esporte. Além disso, os dois também decidem evitar qualquer fofoca dali em diante.

■■■

Sendo assim, a vontade não é contra o coração. Pelo contrário. Permite colher de fato os frutos do discernimento. Fazendo as escolhas, uma pessoa pode dar, com mais plena consciência, uma direção certa à sua vida. A vontade pode ajudar a ser uma pessoa mais livre: alguém que escolhe conscientemente, em função daquilo que percebe profundamente como sendo imprescindível, em lugar de se perder sem cessar ou ficar preso em armadilhas.

- O IMPASSE DO VOLUNTARISMO

A vontade permite à dinâmica do discernimento chegar a resultados reais. Ela vem somente em terceiro lugar, subordinada ao coração e à inteligência. Contudo, para certas pessoas, a vontade vem em primeiro lugar. Isso se chama voluntarismo: uma vontade desligada do desejo real e que fixa as próprias prioridades. O voluntarismo leva muitas vezes a um impasse.

■■■

Cleonice é uma jovem que gosta de trabalhar com as mãos, se possível de maneira criativa e com arte. Ela é senhora de si, sente-se forte e apaixonada. O resultado de seus estudos anteriores mostra claramente que os estudos científicos não são do seu feitio. Não obstante, Cleonice decide entrar num curso de física. Faz isso para agradar aos pais e estuda como louca. Sua vontade e seu caráter forte são impressionantes, mas os resultados são totalmente insuficientes. Depois de dois anos, Cleonice se sente inteiramente sem coragem, próxima de um esgotamento total.

■■■

A vontade não pode dar plena contribuição ao discernimento, a não ser que se ponha a serviço do desejo que a inteligência discerniu no coração.

■■■

Após mais uma série de exames ruins, Cleonice vai conversar com sua tutora. A tutora consegue enfim convencê-la a mudar de estudos. A jovem se inscreve então num curso de *design* aplicado. E ela revive! Trabalha duro como antes, mas agora tudo flui de maneira natural e Cleonice faz progressos a cada dia.

■■■

4. Conclusão: navegar num veleiro

Discernir é como navegar num barco a vela sobre uma grande extensão de água e com vento forte. O sucesso da navegação a vela depende do vento, do navegador e do leme.

A direção do vento é como a voz do coração. Essa voz fala dos desejos mais profundos da pessoa. Exprime o que a põe em movimento e a leva mais longe. Está ali. Não é preciso inventar esse desejo. Ninguém escolhe com que ele se assemelha. Ele já está simplesmente dado.

O navegador é como a inteligência. Ele avalia a direção e a força do vento para realizar a navegação com mais acerto. O papel do navegador é crucial. Sem navegador, o navio está sem direção e periga rapidamente sofrer danos. Pode-se achar que o navegador poderia seguir em qualquer direção, mas não, ele deve contar continuamente com a direção do vento.

Enfim, o leme é como a vontade. Graças ao leme, a direção dada ao barco pelo navegador se torna palpável. É a capacidade de tomar decisões concretas e fazer escolhas. O leme é que permite buscar o alto-mar e navegar sempre mais longe, em lugar de permanecer junto à praia ou de flutuar à toa, sem rumo.

- ATENÇÃO E FLEXIBILIDADE

O navegador experiente conhece seu barco. Depois de certo tempo, já sabe, por assim dizer, automaticamente, como reagir em determinada situação. Contudo, passar facilmente demais à pilotagem automática não é boa ideia. O vento pode mudar de direção de maneira inesperada. Às vezes suavemente, outras, de repente. Assim também os desejos não são sempre os mesmos no decorrer da vida de uma pessoa. Isso se aplica igualmente à quantidade de energia disponível. Como a vela para a navegação, discernir na vida de todos os dias demanda atenção constante e flexibilidade de adaptação. Se não, antes de a gente se dar conta, há o risco de recorrer àquela desculpa: *mas nós costumávamos fazer sempre assim*, ou: *nunca tínhamos feito assim*.

FAZER EXERCÍCIO DE DISCERNIMENTO: A RELEITURA

O discernimento depende muito da capacidade de escutar o que se passa no interior da gente. Na maior parte das pessoas, isso não é simplesmente inato. Contudo, todos podemos aprender a acessar nossa interioridade. Inácio de Loyola propõe uma maneira simples de fazê-lo: a releitura inaciana, também chamada exame de consciência. Os cristãos podem fazê-lo em presença de Deus e com ele. Nesse caso, a releitura inaciana se torna oração.

- OBJETO E DURAÇÃO

Pode-se fazer a releitura do dia ou da semana que acaba de passar. Podemos igualmente nos concentrar sobre uma experiência ou um projeto particular, sobre um relacionamento ou outro aspecto da vida. Cinco minutos podem bastar, mas também se pode dedicar quinze minutos, meia hora ou até mais tempo a essa atividade. Os diferentes elementos da releitura inaciana não são concepção original de Inácio, mas a sequência das diversas etapas vem dele. Essa sequência pode ser resumida em três palavras: obrigado, perdão e por favor.

Antes, fazer silêncio

Escutar a própria interioridade não é fácil. Principalmente quando se trata de perceber seus sentimentos. Por isso, no momento de iniciar a releitura, é bom empregar certo tempo para parar, silenciar e tentar descer ao nível do que se sente no mais profundo de si. Os cristãos podem pedir a Deus que os ajude nesta releitura. Mais concretamente, podem pedir que Deus os ajude a perceber o momento em que o coração foi particularmente tocado.

1. Agradecer — "Obrigado!"

A primeira parte do exame é a mais importante: trata-se de descobrir o que trouxe alegria, paz, confiança e outros sentimentos positivos. Não precisa necessariamente ser um sentimento muito forte. Mesmo se o coração não se sentiu ao menos ligeiramente tocado, isso pode ter sua importância. É preferível a pessoa concentrar-se sobre aquilo que ela sentiu de fato, sobre o próprio sentimento, do que sobre os fatos que provocaram esse sentimento. Desse modo, novas experiências, desconhecidas até então, podem ser percebidas, assim como acontecimentos que, espontaneamente, não se pensaria que pudessem deixar um sabor agradável na boca.

Os sentimentos positivos podem estar ligados a experiências bem variadas: uma atitude no trabalho, o que uma pessoa falou, uma canção que se escutou, uma experiência religiosa, uma obra de arte que se admirou, um gesto de carinho entre pessoas que você viu, a paz que você sentiu quando um ruído de fundo parou de modo inesperado, um vendedor simpático numa loja, a gentileza do atendente num restaurante, a alegria nos olhos da mãe idosa quando lhe fizemos uma visita inesperada, o agradável perfume de uma flor.

Recordando tais experiências, podemos constatar que um sentimento de gratidão por tanta coisa boa vem à tona. Para o cristão, isso pode ter um sentido especial. Afinal, não agradecemos a nós mesmos, antes de qualquer coisa, agradecemos àquilo ou àqueles que estão na origem do bem recebido. Para o cristão, no fim das contas, sempre se trata de Deus.

A maioria das pessoas tem espontaneamente o reflexo de começar pelo negativo quando releem a própria experiência. Contudo, Inácio pede explicitamente para começar pelo positivo. Dessa maneira, progressivamente pode-se tomar consciência da presença da vida e da luz na própria existência. Ganha-se em confiança e em gratidão. À medida em que essa percepção na consciência se desenvolve, torna-se também mais fácil e mais significativo examinar a experiência negativa[1].

2. Pedir perdão — "Perdão!"

O agradecimento vem primeiro e constitui a parte mais importante do exame de consciência. Se ainda há tempo, pode-se passar para a segunda etapa. A gratidão crescente torna mais fácil — por ser menos ameaçadora — a exploração das zonas de sombra de nossa vida atual. Onde, ou quando nos sentimos tristes, com raiva, com amargura, desconfiados, apáticos etc.?

Também aqui é desejável a tentativa inicial de tomar consciência do que se sente por dentro e só depois ver que fatos produziram esses sentimentos. Muitas vezes, esses fatos, na medida em que dependem da gente, dizem respeito a uma recusa de dizer sim à vida e ao amor, no sentido mais amplo dos termos. Pode-se sentir pena por um ou outro fato, e é possível que surja a vontade de pedir perdão.

Os sentimentos negativos podem estar ligados a experiências muito diferentes: o fato de olhar constantemente seu *smartphone* durante uma conversa; o consumo, às vezes, excessivo de álcool; a impaciência que se sentia ao levar as crianças para dormir à noite; a irritação no carro em meio à lentidão do trânsito; o tom da resposta dada ao filho que pedia mais dinheiro; a atmosfera no trabalho nos últimos tempos; a veemência na discussão política com os amigos; a atitude de suspeita em relação à partilha da herança dos pais etc.

3. Olhando para o amanhã — "Por favor!"

Se houver mais algum tempo, pode-se ainda dirigir o olhar para o futuro. Ao dar graças e ao pedir perdão, surge uma compreensão crescente do que se passa na profundidade da existência da gente: vida e morte, luz e sombra, presença e ausência. O que fazemos com essa constatação? Podemos escolher alguns pontos de atenção sobre os quais queremos trabalhar num futuro próximo. Quanto mais concreto for o aspecto, melhor. As perspectivas

---

[1] Ver cap. I.2.b: "Mais iluminação deixa menos lugar à sombra", p. 38.

que resultaram como fruto das duas primeiras etapas do exame (agradecer e pedir perdão) eventualmente servem como pontos de partida.

É válido tomar a decisão de dizer "bom dia" aos colegas, mesmo se a gente não estiver de bom humor de manhã; deixar o rádio do carro desligado durante quinze minutos na volta para casa, para fazer uma releitura do dia de trabalho; contar sistematicamente uma historinha quando é a vez de a gente fazer dormir a filha pequena; procurar um outro trabalho; pedir desculpas a um vizinho por algum mal entendido; excluir o aplicativo Facebook de seu *smartphone*; visitar mais vezes a mãe idosa.

Pode ser tentador querer mudar muitas coisas ao mesmo tempo. Em geral, isso não dá muito resultado. Vale mais limitar-se a um ou dois pontos de atenção. O ser humano dá um passo para frente de cada vez. No fim da releitura, o cristão tem a opção de oferecer esse foco de atenção a Deus e também pedir a ele força especial para progredir em um aspecto específico.

- ANTENAS

A releitura inaciana não tem verdadeiramente sentido a não ser que seja feita regularmente. É praticando que a gente progride. O mesmo vale para a vida interior. Relendo regularmente a própria experiência, acessaremos as antenas interiores. Quanto mais elas forem sintonizadas, mais será possível discernir os movimentos interiores, mesmo aqueles que são pouco perceptíveis. Os pequenos ajustes na vida cotidiana que forem sugeridos permitem dar um passo adiante a cada vez.

IV

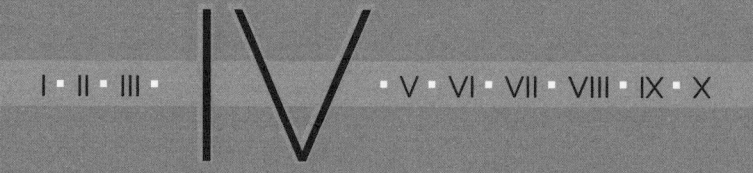

DISCERNIMENTO E ESCOLHA

Fazer uma boa escolha supõe que a gente examine qual a melhor maneira para ir adiante na vida. Muitas vezes escolha e discernimento andam juntos. Não surpreende que Inácio de Loyola dê instruções precisas sobre a maneira de fazer uma boa escolha. Ele descreve três modos de fazer uma escolha.

1. A escolha que cai do céu

O primeiro modo não é propriamente um método. Também não podemos decidir por nós mesmos ter acesso a ele ou não. É uma escolha que, com certeza absoluta, cai diretamente do céu. Vem de maneira inteiramente inesperada. De uma hora para outra, sabemos o que deve ser feito. Na verdade, pode ser que o soubéssemos desde sempre. É uma intuição tão forte que não se pode duvidar dela. Nem no momento em que ocorre, nem depois dele. Trata-se de um sentimento tão forte que a impressão é de que não estamos escolhendo por nós mesmos.

Esse modo de escolha é excepcional, mas acontece realmente! Geralmente seu sinal é a grande alegria e a certeza absoluta do caminho a ser seguido. Esse sentimento feliz que fica e essa grande certeza continuam também depois. Os cristãos veem isso como uma vocação, na qual o próprio Deus está agindo.

> ...
>
> Um exemplo bem conhecido e até mesmo espetacular é a conversão do apóstolo Paulo no começo dos anos 30 de nossa era. No caminho para Damasco, aconteceu-lhe algo inexplicável. Ele caiu literalmente por terra e ouviu a voz de Jesus. Até aquele momento, Paulo tinha perseguido os cristãos. De um instante para outro, ele se tornou um cristão fervoroso. Consagrou o resto de sua vida a anunciar o Evangelho com uma energia incrível. Encontrou todas as resistências que podemos imaginar, e pagou com sua vida por esse fervor. Todavia, ele nunca duvidou, nem questionou jamais sua escolha.
>
> ...

2. Fazer escolhas segundo a balança afetiva

Assim como é raro o primeiro modo de fazer uma escolha, o segundo modo é facilmente aplicável, consistindo em observar a "balança afetiva" dentro de nós. É um método que podemos escolher conscientemente. Inácio o considera como o modo normal e mais confiável para discernir a melhor escolha. Trata-se de aplicar diretamente os princípios básicos do discernimento inaciano. Como isso é relativamente pesado, supõe-se tratar de um objeto de escolha de certo peso.

- QUAIS AS QUESTÕES

A balança afetiva pode ser utilizada para escolher os estudos, para decidir ter ou não outro filho, escolher uma mudança profissional; casar ou consagrar-se à vida religiosa; mudar de residência etc. Trata-se de fazer a escolha sobre uma questão importante.

- CONDIÇÃO PRÉVIA

Ao longo de todo o processo desse segundo método, do começo ao fim é importante ficar atento para a abertura pessoal e a disponibilidade interior[1]. Essa abertura e disponibilidade são necessárias para verdadeiramente percebermos o que se passa em nosso interior. Se falta essa liberdade interior, ou se ela for insuficiente, e já foi decidido antes em que direção a balança deve ir, é melhor não começar. Nesse caso, não poderá ser feito um verdadeiro discernimento.

Em outras palavras, é necessário deixar o resultado do processo de escolha aberto, sem querer conhecer imediatamente o resultado. Portanto, é importante dar tempo ao tempo, e não querer saber as coisas com muita antecedência.

Como para todo discernimento, é necessário informar-se bem previamente a respeito da matéria sobre a qual se quer fazer uma escolha[2].

- A IMPORTÂNCIA DE UMA ALTERNATIVA

A balança afetiva exige que a escolha seja entre duas propostas de peso e de valor equivalentes. Não se faz escolha entre alguma coisa e nada. Pode ser constatado que a preferência já vá fortemente numa certa direção. Apesar disso, é desejável haver uma segunda possibilidade crível ou, se necessário, que possa ser concebida. A comparação entre as duas e a avaliação se

---

1 Ver cap. I.2.a, "Deixar acontecer: o desafio da disponibilidade interior", a partir da p. 33.
2 Ver cap. I.1.b, "Preparar o 'dossiê' com a inteligência", a partir da p. 29.

tornam possíveis graças à existência de uma alternativa que permita abordar a escolha numa perspectiva mais ampla. A balança afetiva pode, então, confirmar ou questionar a intuição espontânea. Se a gente já tiver forte preferência por uma opção, o exame sincero de outra opção poderá contribuir para aprofundar a escolha.

...

Ana mantém um relacionamento estável com Pedro há anos. Não teria chegado o momento de se casarem? Ana tem a convicção de que o casamento devia ser uma escolha, e não algo automático. Ela quer fazer um discernimento. Apesar de isso ter algo de artificial, ela escolhe como alternativa continuar sua vida sem Pedro, com outro companheiro potencial.

...

- DUAS VEZES POR SEMANA

Agora está tudo pronto para entrar no processo de escolha. Isso será feito duas vezes por semana. Durante a primeira semana, a atenção vai para a primeira alternativa. Na segunda semana, será a vez da segunda alternativa. Durante cada uma das duas semanas, leva-se uma vida normal, mas partindo do pressuposto de que se escolheu efetivamente uma das alternativas. Em certos momentos, a gente se propõe conscientemente a questão do que aquela escolha significa, como será sua vida depois dela, o que será feito ou não etc. Durante o dia, regularmente a gente procura considerar o que sente. A gente continuou calmo, confiante, alegre, decidido, ou, ao contrário, inseguro, hesitante, vazio, triste, durante as últimas horas ou o dia todo? Nessas ocasiões, a gente procura escrever algo sobre esses momentos de releitura.

- RESULTADO

No fim de cada semana, faz-se o balanço. Isso permite ver em que sentido se inclina a balança afetiva. A experiência mostra que essa ponderação dos afetos pode trazer mais clareza, pois muitas vezes há uma diferença notável entre as duas semanas. Acontece frequentemente a percepção de que uma opção vem acompanhada de mais paz, de confiança, de alegria do que a outra, ou então que mais sentimentos negativos vieram à tona.

...

Nessas últimas semanas, Ana fez um discernimento sobre casar ou não com Pedro. O resultado foi conforme suas expectativas. Ao mesmo tempo, isso a surpreende. O exercício da balança afetiva mostra que a perspectiva de partilhar para sempre sua vida com Pedro a enche de muito mais alegria do que ela pensava. Inversamente, Ana não sentiu que uma vida sem Pedro lhe parecia tão vazia e sem sentido. Ana se sente ainda mais confiante com a ideia de casar com Pedro.

O resultado podia também ser diferente. Ana também poderia, para seu grande espanto, constatar que a perspectiva de uma vida sem Pedro lhe daria um sentimento de liberdade e uma perspectiva nova. Tal horizonte poderia torná-la mais alegre e dinâmica que o normal. A vida seria bela, mais que de costume, mas uma semana inteira com a ideia de uma vida sem Pedro fez com que Ana se sentisse sufocada em tal situação e ela não tinha se dado conta disso.

...

Esse segundo método pode ser usado pela maior parte das pessoas, mas não por todas, pois certas pessoas têm uma vida afetiva e emocional extremamente equilibrada. Mesmo que parecesse haver muitas razões para viver de fortes flutuações emocionais, essas pessoas percebem poucas em seu coração, que continua sempre igual. Também é possível que a uma pessoa para a qual a balança afetiva parece apropriada, o resultado não seja claro. Então resta o terceiro método. E esse pode também ser usado para confirmar o segundo.

3. Escolher com a balança racional

A "balança afetiva" tem como ponto de partida o que se passa no coração. A "balança racional" parte da inteligência e da razão, tratando simplesmente de refletir bem sobre a escolha e a alternativa. Isso explica por que o terceiro método de fazer uma escolha pode ser usado por todos. Enquadra-se particularmente no caso de pessoas muito calmas e que têm poucos altos e baixos emocionais, porém esse método não é inteiramente objetivo. Afinal, nem todo mundo chegará à mesma conclusão examinando essas questões de maneira racional.

- CONDIÇÕES PRÉVIAS

Para poder usar a balança racional, aplica-se a mesma condição prévia que vimos para a balança afetiva. Com efeito, este método não tem sentido, a não ser que a gente disponha de liberdade e de abertura interior suficientes[3] para considerar e analisar a questão racionalmente, de maneira séria. É um ponto a que se deve prestar atenção do início até o fim no uso da balança racional.

Também aqui não se pode fazer discernimento às cegas. Em outras palavras, é necessário dispor de suficientes informações: quem, o que, onde, como, quantos etc., antes de apelar para o terceiro método[4].

---

3   Ver cap. I.2.a, "Deixar acontecer: o desafio da disponibilidade interior", a partir da p. 33.
4   Ver cap. I.1.b, "Preparar o 'dossiê' com a inteligência", a partir da p. 29.

- QUE QUESTÕES?

Com a balança racional, podem ser abordadas as questões mais diversas: desde escolhas fundamentais de vida até questões puramente práticas e materiais de cada dia e tudo que se encontra entre as duas. É importante que a questão seja formulada com precisão e que seja possível simplesmente responder a ela com sim ou não.

Este terceiro método pode ser usado para questões como: a escolha de uma companhia para a vida; estudos; profissão; a possível mudança para outra cidade; onde passar as férias; a compra de um carro novo; a entrada num clube esportivo.

Contrariamente à balança afetiva, a balança racional não tem necessidade de uma alternativa para a escolha, mas se você tem uma ou mais alternativas, pode também usar esse método.

- DUAS OU QUATRO COLUNAS

Eis como se faz. Escolhe-se, por exemplo, a proposta: *Vou me inscrever em tal clube de esporte*. Anotam-se todos os argumentos que ocorrem ao pensamento. Tanto os argumentos pró como os contra. Cada qual em sua coluna. Podem ser argumentos objetivos, materiais ou mais subjetivos e afetivos. Não é preciso limitar-se aos argumentos sutis ou politicamente corretos. Considerações bem práticas são bem-vindas. Isso pode ser feito rapidamente.

VOU ME INSCREVER EM TAL CLUBE DE ESPORTE

ARGUMENTOS PRÓ	ARGUMENTOS CONTRA
Meu médico me aconselha vivamente a fazê-lo	A inscrição é cara
É perto de casa	Vou pouco para lá
Alguns amigos meus também fazem esporte lá	Não tenho muito tempo para isso
Gosto daquele lugar e da iluminação	Não gosto de praticar esporte
...	...

Aprender a discernir

Em seguida, pode-se fazer eventualmente a mesma coisa em posição inversa: *Não vou me inscrever nesse clube de esporte*. Assim, chega-se a duas ou quatro colunas com as listas de argumentos pró e de argumentos contra.

- AVALIAR

Depois de ter feito o inventário, a gente pesa os diferentes argumentos pró e contra. A sugestão que se dá é considerá-los um por um e procurar avaliar a importância a ser dada a cada um. Para essa avaliação, deve-se usar sobretudo a inteligência, mas também o coração. O que esses argumentos racionais provocam no nível dos sentimentos afetivos? Se puder ajudar, pode-se dar um número a cada argumento; por exemplo, de um (não importante) a dez (muito importante). No fim se faz uma estimativa ou um cálculo preciso para saber para qual lado a balança racional pende.

Esse terceiro método também pode ser usado para aprofundar ou confirmar uma escolha feita conforme o segundo método. Pode então acontecer que os resultados desses dois métodos sejam opostos. De fato, o coração e a inteligência não apontam sempre na mesma direção. Nesse caso, é importante ter em conta que o coração é muito mais pessoal e íntimo do que a razão, a qual por definição é impessoal e por isso neutra. O peso do coração pode, portanto, superar o da razão abstrata. Em resumo, a força e a credibilidade da balança afetiva são maiores que a força e a credibilidade da balança racional.

> ▪▪▪
>
> Guilherme é um pesquisador científico. Ele recebe, ao mesmo tempo, a oferta de uma titulação acadêmica e também de uma importante promoção no trabalho. Se Guilherme aceitar a titulação, ele sabe que seu futuro no centro de pesquisa está garantido e que vai também receber muito mais dinheiro. Seu *emprego* atual não é seguro e, por causa de sua grande especialização, Guilherme não vê facilmente outras possibilidades de trabalho. Aceitar a promoção no trabalho significa, porém, que lhe passarão tarefas de gestão e que deverá dizer definitivamente adeus ao laboratório. Aos colegas de Guilherme parece evidente que ele deve escolher a promoção. A balança racional pende nessa direção, mas a balança afetiva vai em outra direção. Guilherme é apaixonado pela pesquisa. É sua vida! Se ele renunciar à pesquisa, uma grande parte do que ele é vai morrer.
>
> ▪▪▪

4. Duas sugestões complementares: alguém totalmente desconhecido e um leito de morte

Pode ser que ao usar a balança racional se constate que é difícil não dar uma resposta com demasiada rapidez, porque a tendência é ser parcial demais. Para remediar isso e aguçar de novo a disponibilidade interior, Inácio propõe dois exercícios complementares.

Primeiro: imaginar que a gente precisa dar um conselho a uma pessoa totalmente desconhecida em relação à questão sobre a qual está para fazer uma escolha. O que é que a gente recomendaria a essa pessoa?

Segundo: imaginar que a gente esteja deitado no próprio leito de morte. Que escolha a gente gostaria então de ter feito em relação à questão sobre a qual se quer agora fazer uma escolha com a balança racional?

Nos dois casos, a ideia é que se tome uma distância, imaginando essas situações particulares. Em seguida, com mais objetividade e liberdade interior, pode-se esperar ser possível retomar a questão com a balança racional.

V

O DISCERNIMENTO E A EDUCAÇÃO

O discernimento inaciano pode trazer uma contribuição preciosa à educação das crianças e dos jovens.

Crianças e jovens querem descobrir quem são e o que são. Querem experimentar e crescer. O desconhecido exerce sobre eles grande atração. Arriscar até os limites e se superar lhes dá prazer. Isso exige muito esforço, mas dá ainda mais energia. E é desse modo que a personalidade se desenvolve progressivamente.

Para certas pessoas, semelhante busca continua ao longo de toda a vida. Outras dão a impressão de deslizarem rapidamente para uma mediocridade insignificante. A vontade de viver leva certas pessoas a se tornarem sempre mais humanas e acolhedoras. Para outras, entretanto, essa busca parece degenerar rapidamente numa sede insaciável de sempre ter mais poder, mais dinheiro e honras pessoais. Será o destino delas? Ou trata-se, antes, de um posicionamento na vida e, por isso, de uma coisa sobre a qual se pode aprender algo?

A espiritualidade e a pedagogia inacianas vão de mãos dadas. Oferecem preciosos conselhos aos pais e educadores para guiar as crianças e os jovens em sua busca e em seu crescimento em direção a mais humanidade. Na busca de sua vocação, o discernimento pode exercer um papel importante. Vamos abordar aqui três pontos.

1. **Cada percurso de crescimento é único**

O percurso de crescimento de cada ser humano é único. As crianças e os jovens têm muitas vezes a tendência de se comparar com os outros e querer superar os outros. Em si, isso não é um problema, enquanto não fizer esquecer que cada percurso de crescimento é pessoal; que cada ser humano é chamado a modelar sua própria maneira de ser humano e a descobrir, assim, seus pontos fortes.

Para alguns, isso será sobretudo no nível relacional; para outros, no nível artístico, intelectual, religioso, esportivo ou também na esfera das coisas simples de cada dia.

O convite para o crescimento se dirige a todos, sejam quais forem as riquezas ou os limites das potencialidades de cada ser humano. Ninguém foi condenado à mediocridade. Uma boa educação é aquela que dá à criança ou ao jovem a oportunidade de provar a alegria do crescimento, por modesto que seja.

2. **O percurso de crescimento único está ligado ao desejo pessoal mais profundo**

Não se trata de inventar a própria vocação. Também não é uma boa ideia escolhê-la no supermercado onde se vendem os desafios da moda. Nada disso dá verdadeira satisfação. A verdadeira vocação é dada. Ela tem tudo que ver com o desejo pessoal mais profundo da pessoa. A verdadeira vocação vem do interior.

- RESPONSABILIDADE PARTICULAR PARA OS EDUCADORES

A fim de conseguir entrar em contato com esse desejo profundo, é importante que a criança, ou o jovem, tenha possibilidade de entrar em contato com sua interioridade. Assim, eles podem descobrir que suas experiências concretas deixam traços no nível do sentimento afetivo. Esses traços são importantes, pois podem orientar para aquilo que realmente torna feliz ou, ao contrário, o que impede de viver plenamente a vida.

O meio chave aqui é a releitura. Por isso, é importante um convite regular para reler a própria experiência, e isso de maneira adaptada à idade. A verbalização do que se sentiu interiormente permite tomar mais consciência do que foi vivido. Assim, a criança, ou o jovem, aprende a apreciar mais e, na justa medida, a importância e o peso de uma experiência concreta.

O que esta atividade, este encontro, este livro, o assunto deste estudo, esta viagem, as últimas férias provocaram em você naquele instante e depois? O que nesse período de sua vida torna você feliz? Onde você se sente forte, com energia, com vontade? O que lhe dá paz e confiança? O lado mais difícil ou problemático da experiência pode ser evidenciado por perguntas como estas: o que deixou você agitado, preocupado ou triste? O que pareceu atraente no início, mas no fim lhe deixou vazio e insatisfeito?

Os educadores têm uma responsabilidade particular a esse respeito. Quanto mais cedo e mais vezes a criança tiver a possibilidade de (aprender) a discernir, melhor será. Para uma criança de cinco anos, será diferente de um adolescente de 15, mas para ambos é igualmente importante.

Assim, uma criança, ou um jovem, pode progressivamente tomar consciência do que faz realmente bater ou aquecer seu coração. Ao contrário, pode haver também uma boa tomada de consciência daquilo que frustra e inquieta. Quanto mais larga for a gama das experiências que podem ser relidas, mais elas serão instrutivas e pertinentes.

■■■
> Certo domingo de manhã, eu estava na estação de Antuérpia. O trem acabava de chegar. Bem em minha frente, um jovem pai queria subir ao trem com seu filho de seis ou sete anos. O degrau para subir ao vagão era alto e longe demais para a criança. O pai subiu e estendeu o braço; o menino se agarrou nele e o pai pôde assim levantá-lo e pô-lo no vagão. Uma vez dentro do trem, o menino se virou e olhou para o pai com um sorriso radiante: "Obrigado, papai, por me ajudar a subir no trem." Claramente, essa criança já tinha aprendido bem cedo a prestar atenção ao que se passava em seu coração e a expressá-lo.
■■■

Enfim, é bom que a criança e o jovem possam fazer a experiência adaptada à sua idade, que possam realmente deixar suas escolhas, grandes ou pequenas, se inspirarem no desejo pessoal mais profundo. À medida que as escolhas se inspirarem nesse desejo, uma grande fonte de energia será liberada.

Aquele que está de fato em seu lugar, encontrará a força necessária. E, dessa maneira, a criança e o jovem podem crescer passo a passo para se tornarem a bela pessoa que cada um é chamado a ser.

3. Um autêntico caminho de crescimento leva a outro

Os dois primeiros pontos de atenção são fortemente centrados sobre si. Podem dar a impressão de que uma educação de inspiração inaciana seria uma licença para ir refinando durante toda uma vida a obra de arte que seria sua jovem personalidade. Isso pode parecer agradável em certos momentos, mas, no fim, essa atitude só pode terminar num impasse. A experiência humana em geral, e especialmente a do Evangelho, orientam numa direção diferente. Um ser humano não pode verdadeiramente se tornar feliz senão na medida em que progressivamente se libertar da necessidade de sempre se pôr no centro.

Para ser plenamente humano, é preciso aprender a olhar para além dos interesses pessoais e dar lugar ao outro. A alegria que então se pode sentir é a alegria mais profunda possível. As pessoas não se tornam plenamente humanas senão quando conseguem se doar aos outros. As crianças e os jovens têm o direito de descobrir isso. Daí segue o dever dos pais e educadores de lhes oferecer essa chance.

Nos estabelecimentos escolares de inspiração inaciana, há várias décadas é costume pedir aos jovens para fazerem trabalhos voluntários para e com pessoas desfavorecidas. Esse engajamento regular é acompanhado por exercícios de releitura. Os jovens descobrem então, muitas vezes para grande surpresa deles mesmos, que o engajamento em favor dos outros lhes causa uma alegria muito maior do que tudo que eles tinham provado antes. Muitos confessam depois que essa experiência foi das mais fortes de todo seu tempo de escola e que ela influenciou na escolha de seus estudos superiores e de sua carreira.

VI

DISCERNIR ENTRE O BEM E O MAL

Nem todos os sentimentos agradáveis orientam para a direção boa. Igualmente, nem todos os sentimentos desagradáveis indicam uma direção má. O discernimento inaciano é bem mais sutil. Isso é verdade particularmente quanto à análise de Inácio de Loyola sobre as implicações entre o mal e o bem. O que pode parecer estranho é que a dinâmica do mal começa geralmente por um sentimento agradável e que é atraente. A dinâmica do bem, ao contrário, no início provoca muitas vezes resistência. O resultado dos dois, claro, é o inverso um do outro.

1. A dinâmica do mal

O mal, chamado também de diabo, é uma força misteriosa que quer destruir a pessoa humana. *O inimigo da natureza humana* ou *Lúcifer*, como Inácio às vezes chama o mal, tenta isolar a pessoa das outras, fechá-la em si mesma; portanto, afastá-la da verdadeira vida. Inácio ensina que o mal se apresenta às vezes de maneira muito atraente. Como já vimos[1], ele toma então a figura do *anjo de luz*. Partindo de alguma coisa boa e agradável, tenta astuciosamente prejudicar o ser humano, perturbando suas relações. Isso se aplica ao indivíduo, e também à comunidade. O mal funciona de duas maneiras diferentes que parecem opostas, apesar de, no fim das contas, estarem próximas uma da outra. O que as duas supõem é uma superestima da riqueza, no sentido amplo dessa palavra.

a. A via da superestima sistemática de si

Inácio resume essa maneira de agir do mal em três palavras: riqueza, autossuficiência e orgulho.

- A RIQUEZA

A dinâmica do mal coloca a riqueza no primeiro lugar. Todos os que possuem muito dinheiro, muitos conhecimentos, muita formação, muitas relações de influência, muito poder, muito prestígio, podem realizar muitas coisas. Consegue-se fazer de tudo porque se dispõe da necessária habilidade para isso, o que permite não ser dependente dos outros. Afinal, aquilo que a gente mesmo faz é melhor!

---

[1] Ver cap. II.1.d: "O anjo mau que se transforma em anjo de luz", a partir da p. 66.

Essa lógica sugere que aquele que tem muito também sabe muito e pode muito. Ele simplesmente *é mais*. De fato, uma pessoa pode facilmente chegar a identificar-se com sua riqueza. Em vez de ser um meio, a riqueza pode se tornar um fim. É evidente que diante disso a gente vai se esforçar para obter sempre mais riquezas, podendo levar facilmente a pessoa a se identificar com o sucesso e a riqueza. Isso faz bem, dá confiança em si próprio e traz satisfação.

- DA RIQUEZA À AUTOSSUFICIÊNCIA

Caso se pergunte por que a gente se sai tão bem nesse tipo de situação, a resposta parece clara. É a si mesmo que a gente deve tais conquistas: a seus estudos, a seu talento, a sua criatividade e a todas as outras qualidades próprias. A riqueza não veio sozinha. Primeiro e antes de tudo, ela é mérito da gente. E por que esse sucesso não acontece também com os outros? Entre eles, também há muita gente que dá o melhor de si. E uma pequena voz cochicha a resposta: você é melhor que os outros.

- DA RIQUEZA, PASSANDO PELA AUTOSSUFICIÊNCIA, AO ORGULHO

Assim, a lógica da superestima das riquezas leva finalmente ao orgulho. Nós nos consideramos melhores que os outros, mais do que eles, simplesmente os melhores. Claro que não vamos divulgar isso de cima de todos os telhados, mas, em segredo, pensamos que isso não é loucura. Na realidade, não precisamos dos outros. Afinal, sabemos fazer melhor que eles. Pouco a pouco, começamos a nos considerar como o centro, centro da família, do grupo de amigos, da empresa, escola, da comunidade.

A riqueza levou a ver a realidade como uma pirâmide. Estamos no topo. Desde o alto, olhamos de lá para baixo com menosprezo pelas pessoas inferiores. Colaborar verdadeiramente ou fazer alguma coisa com elas não interessa mais. Os outros nada têm a oferecer. Pois somos melhores que eles. Além disso, pouco a pouco os outros ficaram com medo da pessoa dura e distante em que nos transformamos. É bom estar por cima, mas no alto há lugar só para um. O orgulho nos transformou numa criatura solitária e inacessível que se tornou prisioneira da própria riqueza. A lógica da superestima da riqueza nos separou de nossos semelhantes. No fundo do coração, somos infelizes. Tem-se a aparência de ser uma pessoa bem-sucedida, mas, como ser humano, portanto como ser racional, de certa maneira estamos mortos.

Aprender a discernir

b. A via da sistemática subestima de si

A superestima da riqueza pode também conduzir a uma dinâmica inversa, a da sistemática subestima de si. Parece uma coisa bem diferente, mas ela conduz a um resultado semelhante à dinâmica da superestima de si: destrói a relação com o próximo.

- RECUSA DA ESTIMA DE SI

Constatamos que há muitas coisas que não temos. Não somos a pessoa mais brilhante, nem a mais sábia; tampouco somos fortes no plano racional como queríamos ser, e não temos a facilidade de falar que desejaríamos ter. Em vez de ter estima por nós mesmos, não nos estimamos, nos subestimamos. Quanto mais refletimos sobre isso, mais vemos claramente que nada valemos. Aquilo que podemos ou possuímos parece não suprir o que não podemos nem possuímos. Tudo fica bloqueado. Se alguma coisa dá certo ou vai bem, é por coincidência ou por engano. Uma palavra de encorajamento de um amigo ou de um colega só pode estar inspirada pela compaixão.

- DA RECUSA DA ESTIMA DE SI À INFERIORIDADE

Então fica claro: você é uma criatura inferior! Está encerrado na prisão dos próprios limites sendo seu próprio carcereiro. O único que tem a chave, mas a última coisa que fará com essa chave é usá-la. Não resta senão um pequeno passo entre dizer: *nada posso fazer* e dizer: *nada sou*. Nesta situação, você se considera uma pessoa supérflua, importuna, morta, isolada dos outros, sem valor nem dignidade.

Tal atitude é particularmente frequente entre jovens, ainda que também adultos possam se encontrar encerrados dentro dessa lógica.

- DA RECUSA DA ESTIMA DE SI, PASSANDO PELA INFERIORIDADE, À AUTODESTRUIÇÃO

O pensamento sobre o suicídio — ou pelo menos sobre a recusa de relacionamentos com os outros — parece uma conclusão natural. Outros comportamentos destrutivos ou autodestrutivos também fazem parte dessa dinâmica: comer ou beber demais ou de menos, manifestar comportamentos violentos ou, inversamente, refugiar-se na passividade. Mais uma vez, o mal se dissimula sob a aparência do bem. No fim das contas, a cessação da existência ou o desaparecer da vida social trará, com certeza, para si mesmo e para os outros, a paz e a tranquilidade.

Também aqui o resultado é que as relações com o próximo ou consigo mesmo ficam gravemente perturbadas, como igualmente a eventual relação com Deus. *Quando eu seria capaz de me confrontar com Deus?* A superestima da riqueza, dessa vez na variante de não possuir certos tipos de riqueza, destruiu completamente a pessoa como ser humano.

Contrariamente à primeira variante, há aqui um sentimento negativo do começo ao fim. Isso não impede essa dinâmica de exercer uma real força de atração.

2. A dinâmica do bem

A dinâmica do mal mina a relação. A dinâmica do bem faz o contrário. Aqui também podemos distinguir três etapas. À primeira vista, elas não parecem atraentes. Em muitas pessoas, suscitam não poucas resistências. Contudo, no fim, conduzem a uma profunda alegria. Os cristãos reconhecem nessa dinâmica a quintessência da via evangélica de Jesus.

- LIMITES

A dinâmica do bem parte da experiência de que a pessoa humana é limitada e imperfeita. Se observamos honestamente a própria vida, constatamos que há muitas coisas que não conseguimos fazer e das quais não podemos nos orgulhar muito. Por talentoso que seja, um ser humano se choca constantemente com seus próprios limites. Há falta de tempo. Acontecem imprevistos que dificultam o andamento das coisas. Há tantas coisas a fazer e, de fato, a gente só consegue fazer tão poucas! Isso pode nos fazer mal e até mesmo nos tornar infelizes.

Faz parte dessas limitações o fato de que muitas vezes vemos que sozinhos não conseguimos fazer as coisas. As pessoas têm necessidade umas das outras, mesmo quando preferiríamos agir sozinhos. E, por sua vez, essas outras pessoas têm também seus limites e suas pequenas falhas. O mesmo se dá com relação às organizações e às estruturas onde vivemos e trabalhamos. Isso poderia levar a perder a coragem.

- LIMITES E CONFRONTAÇÃO

Espontaneamente, a maior parte das pessoas prefere não encarar com os próprios olhos essa impotência e esses limites. Encará-los pode exigir muita coragem. Tomar consciência do que não há ou do que não é possível nos faz mal. Traz insegurança. Exige que ponhamos literalmente os dois pés no chão. Nenhuma pessoa sã gosta dessa confrontação, às vezes brutal, com a dura realidade.

Para Inácio, a decisão e a audácia de fazer essa confrontação com a pequenez e a impotência humana é uma etapa crucial na dinâmica do bem. Muitas vezes os cristãos não se dão conta disso, mas na vida de Jesus essa confrontação dolorosa ocupa um lugar central. Ele poderia tê-la evitado, mas Jesus a enfrentou deliberadamente. Podemos lembrar suas experiências perante a incredulidade, a injustiça, o egoísmo, a rigidez, a rejeição, as falsas acusações, a covardia, a estupidez, o fracasso, a doença e a morte. Como o resumo de sua mensagem, os cristãos consideram o ponto culminante desse confronto a crucificação e tudo que a acompanhou. Graças à cruz de Jesus, aos poucos as pessoas foram compreendendo que essa pobreza humana sofrida pode ser uma porta de entrada para a plenitude da vida e do amor de Deus.

Isso significa que nós, pessoas comuns, não devemos ter medo dessa experiência, mesmo que seja dolorosa, e nem que essa confrontação aconteça num mau momento entrando em choque, muitas vezes, com situações que a gente não gostaria de ver em conflito. Contudo, a experiência de Jesus mostra que é possível assumir esses limites e essa impotência, de modo que eles podem também se tornar uma porta de entrada proporcionando mais alegria para o ser humano. No fim das contas, o resultado dessa confrontação tão difícil com a pobreza pode ser um aumento de receptividade.

- DOS LIMITES, PASSANDO PELA CONFRONTAÇÃO, À RECEPTIVIDADE

Ser receptivo significa aceitar que não precisamos ter tudo ou poder fazer tudo. Ser receptivo permite estar em paz com o fato de sermos limitados como pessoas e como grupo, e de não termos o controle de tudo. A pessoa que não pode tudo, aceita receber a ajuda dos outros! A receptividade faz com que ela possa e deseje receber, não mais somente dar.

Trabalhar em conjunto, assumir compromissos, fazer a experiência da própria impotência, de seus limites e de sua dependência, não será mais um sentimento de fracasso. O outro não é mais um rival perante quem há necessidade de provar qualquer coisa, mas alguém com quem a gente pode acolher a vida e viver de coisas belas, em total confiança mútua. A receptividade faz descobrir que tudo o que tem valor na vida é enfim um dom. Verdadeiramente a gente não pode dar, enquanto não se aprende antes a receber.

A receptividade torna possível ser grato e se surpreender. A receptividade é a experiência de que o outro faz crescer. Para os cristãos, o Outro, em síntese, é Deus. A receptividade é a fonte e a condição da alegria por excelência. Ela torna suave e abre o caminho ao humor e a uma sadia autoironia. A receptividade significa que a imperfeição não é mais considerada um obstáculo, mas um convite a entrar realmente numa relação com o outro, a receber e aprender com o outro.

- PEDAGOGIA ESPIRITUAL

A dinâmica do bem, que Inácio copia do exemplo de Jesus, é uma pedagogia espiritual particular que permite enfrentar o lado sombrio da vida humana. Ela permite que não se tenha de aguentar passivamente os limites humanos como um trágico destino. A dinâmica do bem ensina que não deveríamos ter medo ou vergonha de sermos confrontados com nossa própria pobreza e a dos outros, pela experiência desestabilizante da incapacidade, do fracasso ou da injustiça. Não é necessário reprimir ou racionalizar essas experiências, podemos admiti-las e tranquilamente considerá-las um caminho possível em direção a mais humanidade. Assim, a experiência da pobreza humana definitivamente pode conduzir a uma profunda alegria e se tornar um caminho para uma felicidade maior.

A dinâmica do bem e do mal continua presente na pessoa humana ao longo de sua vida. A dinâmica do mal é às vezes muito sutil. Pode ser decepcionante descobrirmos até que ponto o mal pode manipular um ser humano. Por detrás de motivos aparentemente nobres pode estar camuflado algo de mal-intencionado. Com essas duas dinâmicas, Inácio propõe chaves de leitura que podem ajudar a discernir o que afinal é bom ou mau. São instrumentos preciosos para crescer numa vida autêntica.

VII
DISCERNIR EM SITUAÇÕES ESPECIAIS

A vida pode pôr uma pessoa em confronto com situações bem diversas. Aqui também a perspicácia de Inácio pode ajudar a discernir do melhor modo o que é bom e útil nessa diversidade de circunstâncias. Dez situações especiais são apresentadas a seguir, acompanhadas de conselhos sobre a melhor maneira de discernir. Muitas vezes esses conselhos têm a particularidade de recomendar fazer justamente o contrário do que espontaneamente se queria fazer.

1. Quando se está no sétimo céu

Nas experiências felizes, Inácio recomenda tratar de forma diferente a própria experiência e o sentimento interior que a acompanha, por um lado, e os pensamentos que podem resultar disso, por outro. Uma experiência que torna alguém feliz e calmo, não só no momento em que ocorre, mas também depois, é de confiança. Já vimos que o sentimento agradável que fica, semelhante a um bom sabor, geralmente é sinal de que se trata de alguma coisa que conduz a mais do que a menos vida[1]. Disso se pode deduzir que aquilo que aconteceu naquela ocasião é real e significativo para a pessoa. Pode ser bom conservar a lembrança dessa experiência para experimentar de novo a alegria e a força.

Inácio, porém, adverte também para os pensamentos e moções que podem vir após uma experiência forte. Eles não têm sempre o mesmo grau de credibilidade que a própria experiência e os sentimentos positivos que a acompanham. Pode ser que sejam confiáveis, mas às vezes não o são. Um exame mais profundo é necessário antes de os pôr em prática.

...

> O relacionamento de Ágata com seu filho adulto Vítor foi abalado profundamente. Uma conversa tranquila já não é possível há algum tempo. Mãe e filho raramente se veem. Ambos sentem muita ira e dor reciprocamente. Por ocasião de seu aniversário, Ágata faz uma nova tentativa. Ela convida seu filho para um jantar num bom restaurante. Pela primeira vez depois de anos, eles conseguem conversar sem discutir. No início, estavam desconfiados, mas foram quebrando o gelo. A comunicação ainda era hesitante e frágil, mas Ágata sentiu uma nova abertura e uma nova boa vontade. Despediram-se aliviados e contentes. Nos dias seguintes, Ágata continua a

---

1   Ver cap. II.1.a, "Sabor que fica", a partir da p. 61.

se sentir grata e cheia de esperança. Teve até dificuldade em crer nisso, mas ela sente que o que se passou naquele jantar foi algo verdadeiro.

Seu desejo de normalizar totalmente o relacionamento com o filho é muito grande. Já foi demais o tempo que se perdeu, e Ágata tem tantas coisas mais a falar com Vítor. Não seria uma boa ideia sugerir ao filho de tomarem juntos o café da manhã toda semana daqui para frente?

...

Ágata consegue confiar no bom sabor que o encontro e a conversa com Vítor lhe deixaram. E a esperança se justifica. Contudo, Ágata também tem interesse de ver com atenção a proposta que apareceu tão espontaneamente nos dias seguintes. Poderia bem ser que, apesar de muito bem-intencionada, tivesse um efeito contrário.

2. Quando a gente está com raiva

Também num caso de cólera, Inácio faz a distinção entre o sentimento interior e os pensamentos que vêm junto com esse sentimento. Os conselhos que ele dá para esse caso são exatamente o oposto da situação anterior.

As experiências que mergulham a gente em cólera, que irritam, que tornam duro e amargo na hora em que ocorrem e nas horas seguintes, geralmente não conduzem à direção que leva a mais vida. É melhor não voltar a pensar nisso ou permitir que essa negatividade se aloje no coração. Nada há de bom nisso. Existe, é verdade, uma cólera santa[2], mas ela é rara. Mais vale deixar que a cólera se vá junto com a amargura. É muito grande o perigo de que elas continuem acantonadas e instaladas dentro da gente.

- OS PENSAMENTOS DE LÚCIFER

Contudo, Inácio sublinha que os pensamentos e projetos que surgem junto com a cólera devem ser tratados diferentemente da própria cólera. A experiência mostra que os pensamentos muitas vezes são pertinentes. Na Bíblia, o diabo é às vezes chamado de acusador. O acusador vê os erros das pessoas e os denuncia com acerto. Por isso, o diabo também é chamado de *Lúcifer*.

---

2   Ver cap. II.1.d, "Cólera santa", p. 66.

Lúcifer literalmente significa "portador de luz". Lúcifer traz a luz da verdade. Ele diz a verdade sobre as pessoas que encontra. Mais exatamente, menciona os defeitos das pessoas. Jesus também o faz, mas o faz para que as pessoas aprendam e se tornem melhores. O diabo o faz por maldade, para afundar as pessoas.

▪▪▪

> Jorge descobre que sua filha Inês mentiu novamente. Dessa vez, é uma mentira grosseira. Ela traiu completamente a confiança dos outros. Jorge está furioso. Ele vê claramente como a tendência a mentir se torna um hábito em Inês. A falta de confiança em si faz com que ela, quando vê as coisas se tornarem difíceis, prefira fugir do confronto com a verdade do que encará-la de frente. Isso não pode continuar.

▪▪▪

- **DUPLA VITÓRIA**

A reação espontânea pode refletir a vontade de enfrentar duramente a pessoa em determinada situação. Jorge poderia acusar com violência Inês de sua mentira. Contudo, o efeito periga ser adverso. A filha sentirá cair sobre ela principalmente a cólera. É provável, e até desejável, que ela se proteja instintivamente. O resultado será que a *verdade*, de que Inês poderia tirar proveito, não vai conseguir realizar seu trabalho. Também poderia ser que a mensagem fosse bem recebida por Inês. Entretanto, uma reprimenda expressa sob pressão da cólera ameaça fechar a filha em seu problema, antes do que a livrar dele.

> ...
>
> Depois da reprimenda colérica do pai, Inês poderia dizer para si mesma: sou uma mentirosa desprezível, mas vou continuar mentindo, pois não sou tão corajosa a ponto de assumir minhas responsabilidades. Papai me conhece perfeitamente. Ele tem razão.
>
> ...

A vitória do mal é dupla. O potencial construtivo e corretivo da *verdade* está perdido. Além disso, Inês não se livrou de seu erro, mas apenas o confirmou. Jorge, o pai, conseguiu descarregar sua raiva, mas é a filha que paga o preço.

- **DECIDIR RELATAR**

Como administrar de maneira construtiva essa *verdade* revelada pela cólera? Inácio aconselha usar, porém não imediatamente, estas ideias e estes pensamentos: ele recomenda esperar que a raiva se acalme e que a pessoa esteja em paz. Então será possível considerar essas ideias, mas agora já não mais por raiva, e sim por amor e por cuidado pela pessoa em questão. Assim, não haverá mais acusação destrutiva, e sim um convite para crescer.

> ...
>
> Alguns dias depois da mentira de Inês, Jorge já se acalmou. Em lugar da raiva, sente de novo amor por sua filha que, por sua vez, nem sempre é uma pessoa fácil de lidar. Ele a convida para irem juntos tomar um sorvete, algo que ela adora. Depois, vão passear e Jorge fala tranquilamente do incidente. Não hesita em contar para Inês como o pai dele o aju-

Aprender a discernir

dou, quando ele era pequeno, a não mais mentir. No fim, os dois se dão um forte abraço. Jorge está feliz por ter se contido uns dias antes.

...

Quando a gente pode olhar de novo para a outra pessoa com um olhar positivo, chegou o momento de conversar. Há então uma chance real de que mesmo uma advertência difícil seja bem recebida. Afinal, quando a gente se sente amado, a confiança cresce e, por conseguinte, também a capacidade de advertir-se sobre os próprios pontos fracos. Você sente no coração, e sabe, que a pessoa não está contra você, mas a favor. Assumindo uma conversação assim, presta-se um precioso serviço ao outro. Nós lhe permitimos crescer como ser humano. A condição é que sejamos pacientes.

3. Quando a gente está mal disposto

Inácio de Loyola supõe que movimentos afetivos como a alegria, a tranquilidade, a confiança são normais. Ao mesmo tempo, a experiência nos ensina que sentimentos como a tristeza, a desilusão, o vazio, a apatia se produzem nas pessoas mais vezes do que se desejaria. Por isso, Inácio dá umas sugestões para enfrentar esses momentos, de tal maneira que se consiga favorecer em lugar de travar a volta de sentimentos positivos.

- CONVITE PARA APROFUNDAR E PURIFICAR

É bom sentir paz, confiança e suavidade. Contudo, uma pessoa pode também estar sem esses sentimentos positivos. Além disso, da tristeza e do desânimo pode também surgir alguma coisa boa. Podemos considerar tais sentimentos como um convite a distinguir o essencial do acidental, e assim nos aproximar do coração da vida.

...

Olívia vai ver sua velha mãe duas vezes por dia. Ela faz tudo o que pode por sua mãe, que de fato não pode mais viver de maneira independente, mas a velhinha não consegue aceitar isso. Suas limitações a tornam sistematicamente agressiva contra Olívia. Humberto, o filho preferido, visita-a também, de duas em duas semanas. Nos dias seguintes à visita de Humberto, Olívia ouve sem interrupção a mãe dizer como

Humberto é doce e atencioso. Uma palavra de agradecimento para Olívia vem raramente aos lábios da mãe. Tudo isso é bem doloroso para Olívia. No início, ela costumava reagir com palavras duras. Ultimamente percebeu que estava se tornando mais paciente para com a mãe. Ela sente que o amor por sua velha mãe se fortalece, mesmo que frequentemente não receba retorno por parte da mãe. Olívia se sente gratificada. Por dolorosa que seja, tem a impressão de que a experiência com sua mãe a faz crescer.

...

É bom lembrar que não é inevitável ter de se deixar levar por sentimentos negativos. A tristeza e a decepção não precisam necessariamente levar uma pessoa para dentro de uma espiral negativa de que não se consiga mais sair. A releitura do que se passa no coração pode ajudar a refazer o mais rapidamente possível os traços de uma nova confiança e de uma nova esperança.

- TOMAR A INICIATIVA DE REVERTER PESSOALMENTE A TENDÊNCIA

Os sentimentos negativos têm a particularidade de levar muitas vezes à superficialidade e à preguiça. Inácio aconselha que nesses momentos de tristeza façamos, de preferência, aquilo que queríamos evitar.

Escolhe-se então conscientemente enfrentar tendências espontâneas, pois sabe-se que num nível mais profundo isso pode abrir o caminho de volta para o desejo de viver. Isso pode começar por coisas muito práticas e simples.

...

Francine levantou com pé esquerdo e não se sente bem. Por experiência, já sabe que isso pode piorar consideravelmente. A experiência também já lhe mostrou que em tal situação ajuda limpar o escritório, passar uma roupa e mesmo podar algumas rosas no jardim. São pequenas estratégias que fazem sentido, exigem pouco esforço e concentração e são "seguros", porque realmente não dão errado. Depois que Francine acaba de fazer essas tarefas, mesmo que esteja ainda de mau humor, aquilo já lhe dá uma pequena satisfação que pode servir como trampolim para melhorar mais ainda.

...

Aprender a discernir

Trabalhando de forma consciente sobre si mesmo, pode-se estar mais preparado para enfrentar a negatividade. Inácio dá quatro conselhos concretos para a gente mesmo tomar a iniciativa e reverter a tendência.

- MAIS SILÊNCIO E ORAÇÃO

Quando as coisas não vão bem, começa Inácio, a gente tem muitas vezes a tendência de ocupar menos tempo com o silêncio, a prece e a meditação. Inácio recomenda o contrário. Se a gente vai mal, deve ir mais à fonte, e não menos. Talvez devesse escolher um tipo de alimento espiritual diferente e mais adaptado do que aquele de que costuma nutrir-se. Cortar as próprias raízes não leva a lugar nenhum.

...

> Desde algum tempo, Martinho se sente mal consigo mesmo. Não está muito feliz no trabalho. Nos últimos meses, o relacionamento com sua companheira foi se deteriorando. Martinho não tem nenhuma ideia de onde vem esse mal-estar.

Ele tinha o hábito de ler regularmente a Bíblia e de ir de tempos em tempos à igreja, mas parou com isso. Por sua vez, o silêncio só faz aumentar sua perturbação. Toda vez que entra em casa, põe uma música de fundo. Um dia, ele se dirige a Flor, uma colega, Martinho sabe que ela é boa ouvinte. No correr da conversa, Martinho se dá conta de quanto o contato com a natureza sempre foi importante para ele. Curiosamente, também tinha parado totalmente de ir à floresta. E Martinho toma a decisão de retomar seus passeios semanais pelas trilhas da floresta. Recorre também a uns exercícios virtuais de meditação, a fim de conseguir de tempos em tempos mergulhar no silêncio e na oração.

...

Isso também se aplica a outras formas de refontalização e a outras estratégias importantes que podem reaproximar do essencial da vida. Quando as coisas se complicam ao nível do casal e da vida de família, é bem possível que isso seja sinal de que é preciso simplesmente investir mais no relacionamento. Ficar de braços cruzados e esperar que aquilo passe ou procurar satisfação em outras coisas, não vai ajudar.

- FAZER MAIS RELEITURA DA EXPERIÊNCIA DE CADA DIA

O reflexo espontâneo também poderia ser: *não vou me inquietar demais nem fazer perguntas que não têm resposta*. Também aqui, o segundo conselho de Inácio vai no sentido contrário. Ele encoraja a dedicar mais tempo para fazer releitura e refletir sobre o que acontece. Assim será possível compreender melhor o que de fato está acontecendo e o que, em seu modo de vida e em tais circunstâncias, pode estar contribuindo para provocar aqueles sentimentos negativos. Nessa releitura, também se poderá, talvez até ainda mais, procurar o que traz, apesar de tudo, paz, confiança e boa disposição. Pode ser que se descubra então que tudo se apresente de maneira diferente do habitual e também diferente do que se tinha imaginado.

...

Catarina se aposentou recentemente. A transição é dura. Agora ela faz muitas coisas boas como voluntária e pode também dedicar mais tempo aos netos. Porém, sente uma falta terrível do contato com seus pacientes. Catarina acha que o que ela faz agora não é senão um meio agradável de estar ocupada.

Aprender a discernir

Certo dia, lê na internet um artigo sobre a oração e a releitura[3]. Após alguma hesitação, Catarina decide dispensar dez minutos todo dia para reler seu dia. Ela procura lembrar sobretudo o que lhe deu alegria. Catarina está surpresa. Constata logo que seu trabalho de voluntariado com os refugiados e o tempo dado aos netos lhe proporciona mais satisfação do que ela pensava. Percebe também que o ritmo mais calmo de sua nova vida lhe faz muito bem. Será que sua aposentadoria não foi uma coisa tão ruim assim?

...

- REDUZIR OS EXCESSOS

O terceiro conselho de Inácio vai também em sentido contrário ao que se poderia imaginar. A prosperidade material, um bom círculo de amigos, passatempos interessantes, poder comer bem e beber bem, uma vida despreocupada e plena, é algo bom. No entanto, a gente pode se perder em tudo isso. Todas as grandes tradições espirituais falam de frugalidade e simplicidade como meios para se aproximar do essencial da vida.

...

Tomás e Matilde pensam que acharam um bom ritmo na vida. Os dois têm vida profissional compensadora. Nos fins de semana, vão regularmente ao cinema ou a um teatro. Também gostam de ir almoçar com amigos. Ambos praticam esporte. No verão procuram ter férias exóticas, bem merecidas. Gostariam de ter filhos, mas ainda não tiveram tempo de os programar. Matilde está cada vez mais ocupada. Ela sente que desde há algum tempo há um certo peso em sua relação com Tomás. Isso começa a inquietá-la. A primeira ideia que lhe surge é que deve organizar atividades mais originais com pessoas simpáticas. Pede conselhos à sua mãe. Para grande surpresa sua, a mãe lhe aconselha a não sair mais, mas menos. Além disso, de tempos em tempos Tomás e ela poderiam simplesmente não fazer nada, mas ficar juntos e aprender a falar sobre as coisas que tocam o coração.

...

---

3   Ver cap. III, "Fazer exercício de discernimento: a releitura", a partir da p. 75.

É bem possível que o mal-estar possa ser um sinal de que a gente está a ponto de se perder na abundância das próprias riquezas e num corre-corre permanente. Poderia então ser uma boa ideia criar novamente um espaço ou um tempo livre para dar mais lugar ao que de fato tem valor.

- PACIÊNCIA

Quarto conselho: os sentimentos de tristeza têm a característica de sussurrar sorrateiramente ao ouvido que a tristeza nunca terminará. Todo o futuro se torna escuro. Tem-se a impressão de que isso jamais terá solução.

Entretanto, o ditado popular dizendo que depois da chuva fará tempo bom é de uma profunda sabedoria. Em outras palavras, é importante ter paciência. Se a gente começou a pôr em prática os três primeiros conselhos, então também há chance de que a tristeza não dure para sempre.

Esses quatro conselhos concretos indicam como a gente pode contribuir pessoalmente para sair de uma situação ruim. Para o cristão, isso orienta a ir diretamente ao coração da esperança e da fé cristã. Deus não abandona os seres humanos. Jamais. Ele escreve certo entre nossas linhas tortas. A experiência mostra que nessas circunstâncias difíceis o simples apelo à paciência e à confiança muitas vezes não basta, porque a atração exercida pelos sentimentos negativos pode ser muito grande.

4. Quando se tem medo

Uma variante especial da tristeza é o medo. Ele pode literalmente congelar uma pessoa e roubar-lhe a vida. O medo, o pavor, tem algo de fascinante. Tem tendência a crescer e a ocupar todo o espaço. A razão disso é simples: o medo tem intrinsecamente a capacidade de apresentar toda sorte de argumentos pertinentes, muitas vezes difíceis de serem refutados, para explicar por que os cenários apocalípticos necessariamente se tornarão realidade. Parece, portanto, normal e inevitável que a gente se apavore. Desse modo, o medo se nutre, se reforça por si mesmo e pode se tornar obsessionante.

...

Léo, estudante do último ano de enfermagem, optou por se especializar em cardiologia. Ele inicia seu primeiro estágio. Desde o primeiro dia, tem de realizar muitas tarefas difíceis. Não se saiu bem. O trabalho em cardiologia deve ser feito rapidamente e com muita precisão, pois é muito técnico. Seu supervisor lhe faz diversas observações negativas. Léo se sente sempre mais nervoso, agoniado e sempre menos seguro. "Não vou me dar bem neste estágio. Não estou à altura dele. Com toda certeza, vou ter uma avaliação muito ruim". No fim do dia, o jovem estagiário está esgotado e completamente apavorado. Parece-lhe evidente que escolheu mal sua especialidade.

■■■

De todos os movimentos afetivos negativos, o medo é talvez o mais prejudicial. Contudo, não é tão difícil cortar o que o alimenta. Quatro pontos de atenção podem ser úteis para isso.

- EXPRESSAR-SE

Importante é não guardar o medo para si, mas falar dele. O medo se desenvolve muito mais no segredo. Falar do medo com uma pessoa de confiança pode ser uma primeira etapa importante. Isso pode ajudar a enfrentar a lógica do medo, que se fecha e cresce por si mesmo, mas é importante também que aquele com quem se fala não confirme o medo nem o reforce.

- EXAME CRÍTICO DOS FATOS

Um segundo meio pode ser examinar de maneira crítica e racional os fatos que estão na origem do medo. Muitas vezes, a percepção desses fatos é confusa, incorreta e incompleta; são feitas associações erradas e conclusões falsas são tiradas; daí surge, então, a ansiedade. A experiência que acabamos de descrever talvez seja a ocasião ideal para trazer mais objetividade e calma.

> ...
> À noite, Léo, o estudante do exemplo anterior, liga para uma enfermeira amiga que também trabalha em cardiologia. Da conversa resulta que o jovem de fato cometeu certo número de erros, mesmo que não tenham sido tão graves. A conversa também faz Léo constatar, para grande surpresa dele, que ele fez muitas coisas totalmente certas. Quem sabe, optar pela cardiologia, afinal, não é uma escolha tão má.
> ...

- O ENGANO DO MEDO

O terceiro conselho é o mais importante e fundamental. A força do medo reside antes de tudo na convicção de que ele é justificado. Melhor que ninguém, o medo sabe apresentar argumentos sutis e bem talhados. Pensa-se honestamente que se tem razão de estar angustiado. Os argumentos apresentados provam que a gente não tem outra escolha senão ter medo.

É exatamente aí que se situa o engano do medo. Muitas vezes é certo que aquilo de que se tem medo pode efetivamente existir. Só que não é necessário ter medo daquilo. Nós temos condições de enfrentar os problemas. É o que fazemos durante todo o dia.

> ...
> Sim, é verdade que o estágio de Léo não começou bem. Nem podia ser diferente. A cardiologia é uma especialização difícil. É normal que o início não seja muito bem-sucedido, mesmo que a gente dê o melhor de si. Isso vale para Léo e para todos os outros estudantes. A curva de aproveitamento em tal

estágio é geralmente muito pronunciada. Léo pode estar certo de que esse será igualmente o seu caso dentro de algumas semanas.

■ ■ ■

- O MEDO IMPEDE DE VIVER NO PRESENTE

Um quarto ponto de atenção diz respeito ao fato de que o medo está muitas vezes ligado a problemas, imaginários ou não, que se situam num vago futuro. A consequência sorrateira de tal ansiedade perante um futuro que ainda não existe é impedir de viver plenamente o presente que, ele sim, existe efetivamente. Também aqui a conversa com outra pessoa pode ser ótima.

■ ■ ■

Giovana, uma adolescente, chora em sua cama. Quando sua mãe vem desejar-lhe boa noite, a menina conta o que está acontecendo. A menina tem medo de que suas amigas um dia a deixem só. No momento, não há nenhum sinal de que tal abandono um dia aconteça. Contudo, a jovem se sente presa nesse medo. A breve conversa com a mãe permite a Giovana reencontrar a paz.

■ ■ ■

O medo é mau conselheiro. Não faz bem seguir sua lógica. É sabedoria verdadeira não dialogar com o medo, mas confiar conscientemente na vida. O caminho para uma vida mais rica e mais plena nos é indicado pela confiança e pela esperança, e não pelo medo. Não é por nada que Jesus não cessa de dizer: "*Não tenham medo*".

5. Quando se está em crise

Por crise, entende-se aqui uma experiência de impasse vivido como problemático. A crise vem acompanhada muitas vezes por uma série caótica de sentimentos contraditórios. Como no caso da tristeza, Inácio sugere aqui não fazer o que espontaneamente se costuma fazer.

- CONSTÂNCIA

Quando se está em crise, geralmente a gente quer sair dela o mais rápido possível. O conselho que Inácio dá a respeito disso é diametralmente oposto a esse reflexo. Em tempo de crise, é melhor não fazer escolhas. Na medida do possível, Inácio aconselha a não fazer mudanças. É melhor permanecer com as decisões tomadas antes. Pode-se pensar agora que naquele momento em que as decisões foram tomadas você estava calmo e tinha analisado bem seus projetos. As escolhas feitas naquelas circunstâncias eram mais confiáveis do que as mudanças precipitadas que poderiam ser feitas agora. É preferível, portanto, não questionar aquelas escolhas. A calma voltará. E então será possível discernir sobre o que fazer.

∎∎∎

> Júlio está às voltas com um grave problema em seu escritório. Está totalmente confuso. Ele gostaria muito de tomar logo umas decisões bem drásticas para sair do problema. Entretanto, constata que nestes dias ele se sente como um ioiô. De manhã, ele se sente apático; ao meio-dia, sente medo; no fim do dia, sente-se furioso. Os pesadelos durante a noite também não ajudam. A verdade é que Júlio não sabe onde ele está e menos ainda o que poderia fazer de melhor neste momento.

∎∎∎

6. Quando nada se sente

Às vezes, a gente nada sente. Nem mesmo em relações ou em compromissos importantes, sobre os quais geralmente se tem sentimentos bem precisos.

∎∎∎

> Carla e Clemente estão casados. Eles se amam muito desde longos anos. Contudo, às vezes acontece que Carla não sente nada por Clemente. Nas primeiras vezes, ela achou isso verdadeiramente estranho. Agora não se inquieta mais. Acha que isso é normal.
>
> Um sacerdote, um pastor ou uma religiosa podem se aperceber de que de tempos em tempos tudo que se relaciona com a fé ou com Deus lhes parece completamente indiferente. Pelo menos num determinado momento. Entretanto, aprenderam que quando isso acontece é para continuarem sua vida e seus compromissos como se nada houvesse acontecido.

∎∎∎

Como já vimos, podemos ter muita confiança nos sentimentos profundos, mas nem por isso precisamos sempre deles, podemos passar certo tempo sem eles. Como?

- APOIAR-SE NOS SENTIMENTOS ANTERIORES

A experiência ensina que se pode vivenciar os acontecimentos de maneira muito forte. Em outros momentos, os sentimentos podem ser bem mais fracos ou até podem estar completamente ausentes. Não há nenhum problema nisso. Pode-se tranquilamente continuar a viver a vida e não há motivo para pânico. Todos têm o direito de às vezes nada sentir. Faz parte da vida. E isso não nos obriga absolutamente a questionar um casamento ou outros compromissos assumidos. Além disso, houve antes, no mais profundo da alma, a experiência de que tudo estava bem. Podemos então nos apoiar agora no que sentimos anteriormente. O período de silêncio que atravessamos atualmente não invalida de modo algum a experiência anterior.

Num sentido mais amplo, um ser humano tem o direito de às vezes não se sentir bem. A alegria é sempre bem-vinda, mas isso não significa que a gente deva ceder à ditadura dos sentimentos bons. Sentir-se bem todo tempo, por agradável que seja, não é vital.

7. Quando se tem um problema

Pode-se ter um grave problema no trabalho, um conflito impossível de ser resolvido, uma experiência traumatizante, um relacionamento sem perspectiva ou qualquer coisa semelhante. Tal situação pode exigir grande investimento de energia, atenção e tempo, especialmente porque ela pode nos tornar muito agitados, incomodados e preocupados. Tal problema pode ocupar tanto espaço em nós que, quando paramos, ele monopoliza para si toda nossa atenção. Isso a tal ponto que podemos ter dificuldade de ouvir o que o coração diz sobre outras questões importantes da vida. E então?

- O ESTRATAGEMA DO REFRIGERADOR

Nesses casos, o estratagema do refrigerador pode trazer uma boa ajuda. Significa que a gente decide conscientemente pôr o problema no refrigerador durante certo tempo. A gente o coloca lá para que ele possa ficar frio. Toma-se a liberdade de não se preocupar com o problema durante certo tempo. O estratagema do refrigerador é benéfico por várias razões.

...

Junto com outros membros de sua família, Mariana recebeu a herança de um tio. A alegria não dura muito. A partilha produz ferozes discussões. Advogados são chamados; a questão é levada aos tribunais. Mariana nem dorme mais. Dia e noite, ela se sente assombrada por essa questão. Além disso, o assunto está parado num impasse. Mariana decide não mexer nisso nos próximos seis meses. Tomada essa decisão, depois de alguns dias ela consegue se tranquilizar. Consegue viver e aproveitar novamente as pequenas coisas da vida. E, depois de seis meses, Mariana percebe que chegou a uma atitude bem mais calma em relação àquele conflito. Pela primeira vez, surge-lhe a ideia de que ela poderia propor um meio-termo aos outros herdeiros. Mariana está disposta a amenizar os ânimos.

...

Aprender a discernir

O banho-maria temporário pode ajudar a tomar consciência de que não somos obrigados a consagrar todo o tempo e toda a atenção àquele único problema difícil, mesmo que esse hábito seja comum. Podemos descobrir que há também outras questões importantes na vida; que há mais coisas boas e belas pessoas ao nosso redor, cuja existência quase chegamos a esquecer. Agora podemos dedicar novamente tempo e dar atenção a elas, sem nos sentirmos culpados de não ter consagrado o tempo inteiro àquele assunto incômodo. A força e a alegria voltam, junto com criatividade e novas iniciativas.

- ALÍVIO

Pode ser que nos últimos tempos a gente note que não conseguia mais rezar direito. Toda a atenção se concentrava sobre aquela preocupação. Acantonando também isso no refrigerador, a gente permite, por assim dizer, dirigir as antenas para mais direções durante a oração. Que alívio!

A experiência mostra que quando a gente retira o assunto do refrigerador depois de certo tempo, a situação talvez até já tenha mudado. Pode até parecer que o problema simplesmente evaporou. A obsessão que ele tinha suscitado dava uma amplidão desmedida à questão. Pode também ser que a dificuldade continue, mas ela se tornou menos preocupante ou opressiva. Agora é possível olhar para ela com mais distância. O sentimento negativo tornou-se menos intenso. A nova perspectiva permite abordá-lo de maneira mais construtiva.

8. Quando se duvida

É possível fazer discernimento quando temos dúvidas? Conseguimos avançar na vida quando damos lugar à dúvida? Nossa cultura quer certezas. A incerteza e a ambiguidade devem ser eliminadas antes de tudo! A dúvida é sinônimo de hesitação, de incapacidade de decidir. Em matéria de discernimento inaciano, é diferente. Existe "a boa dúvida": é a dúvida como condição e força motriz para discernir.

- A BOA DÚVIDA

O discernimento pede que se possa renunciar às certezas e convicções. Escutar seu coração exige abertura e disponibilidade interiores. Para discernir, é desejável que a gente ouse não saber. Por isso, é preciso conservar abertas as diferentes possibilidades. Mais ainda, é preciso estar pronto a encarar respostas não esperadas e não conhecidas. Somente os que aceitam a dúvida e o "não saber" podem discernir plenamente.

■ ■ ■

> Quando Leonel era jovem, sua vida era simples. Conseguia responder imediatamente às questões. Era sim ou não, preto ou branco. Ser adulto, pensava ele, significava que se deve tomar decisões imediatamente. Agora Leonel já tem certa idade. A vida lhe parece bem menos simples. Ao mesmo tempo, ela se tornou mais rica e surpreendente. Leonel adquiriu uma compreensão melhor da complexidade da vida, e também uma compreensão melhor de si mesmo e da realidade que o circunda. Quando agora ele se vê obrigado a fazer uma escolha mais importante, não toma mais as decisões imediatamente. Ele dá tempo para confrontar as diferentes possibilidades. O resultado final às vezes é bem diferente do que ele tinha imaginado no começo. A experiência ensinou a Leonel que o fato de aceitar a dúvida pode tornar melhor a qualidade de suas decisões.

■ ■ ■

- A DÚVIDA QUE DINAMIZA

Por mais importante que seja, a dúvida não é confortável, tampouco é um fim em si mesma. É uma coisa boa querer se desvencilhar dela, mas, positivamente, é a dúvida que põe em movimento a dinâmica do discernimento e depois o mantém por um certo tempo. É mesmo importante querer ficar em dúvida e na incerteza que a acompanha durante um tempo suficientemente longo. A dúvida permite que a gente se preserve de preconceitos e certezas, ela favorece um discernimento mais livre e transparente.

A pessoa que discerne percebe muitas vezes que depois de certo tempo a agitação e a incerteza dão lugar a mais paz e confiança. A dúvida, então, diminui ou desaparece. Surge uma resposta à questão. Discernir requer muita concentração e atenção. Porém, não se pode produzir o resultado, ele é dado sem que a gente seja dono dele. O discernimento é um exercício permanente que consiste em renunciar humildemente ao controle, exigindo que se acolha seu resultado. Para o cristão, há também a exigência de aprender a deixar Deus no comando.

9. Quando há tensões

A palavra "tensão" tem frequentemente uma conotação negativa. Evoca um problema que deve ser rapidamente resolvido. Entretanto, sem tensão nenhuma vida é possível. A tensão nas veias — a pressão sanguínea — é uma condição indispensável para a vida. Somente os que estão mortos não têm mais tensão em seu corpo. Com o discernimento, é igual.

As pessoas gostam de respostas simples, ao menos são claras em relação a isso. Optar por uma certeza concreta espontaneamente desperta mais simpatia do que aceitar compromissos complexos. Infelizmente, as respostas a maior parte das questões e dos problemas com os quais somos confrontados não são simples nem absolutas. Eles podem se situar numa região de infindas gradações. A sabedoria se encontra entre os extremos.

> ...
>
> A sensibilidade ecológica de Inês faz com que ela não queira pegar aviões, mas use, sempre que possível, os meios de transporte comuns. Pela mesma motivação, ela sempre diminui o aquecimento na casa. Por causa de seu trabalho, de tempos em tempos Inês precisa viajar de um extremo a outro do continente. Não há ônibus para a vila onde mora seu velho avô. E como o novo bebê da casa tem os pulmões frágeis, seria bom aquecer um pouco mais a casa no inverno. Tudo isso causa regularmente problemas de consciência para Inês, e ela não consegue resolvê-los facilmente. Ela quer permanecer fiel às suas opções ecológicas, mas, ao mesmo tempo, também não quer se enclausurar em seus ideais.
>
> ...

Muitas dessas tensões são totalmente normais. Elas podem, muitas vezes, trazer desconforto e ser fonte de conflitos. Frequentemente, nossos corações são atingidos por sentimentos contraditórios que nascem desses pontos opostos de atenção. Esses movimentos do coração podem ser considerados sugestões. Eles podem levar a procurar respostas apropriadas às questões concretas que a vida nos coloca por causa dessas tensões. Às vezes também ajudam a descobrir novas soluções para problemas novos.

Tais tensões nos obrigam a sermos criativos, assim nos permitem progredir. Isso só é possível se a gente aceitar ser interpelado constantemente pelas tensões, uma atitude mais acertada e inteligente do que negar que as tensões estão presentes e querer fazê-las desaparecer.

10. Quando pensamentos perturbadores passam pela cabeça da gente

Tentações são comuns. São pensamentos, representações, lembranças ou acontecimentos reais que exercem forte atração sobre nós. É difícil resistir a isso, pois, geralmente, mas nem sempre, num dado momento podem proporcionar um prazer intenso. No entanto, o reverso da medalha é que o resultado final da tentação é geralmente negativo.

Inácio dá três conselhos sobre o modo de enfrentar as tentações e outros pensamentos perturbadores semelhantes.

- OU TUDO OU NADA

...

> Carlos é feliz no casamento. Contudo, traiu sua companheira com Renata. Logo se arrependeu sinceramente. Ele não quer pôr o casamento em perigo. Mas o flerte sempre foi seu ponto fraco e Carlos foi convidado para uma festa naquela noite. Ele sabe que Renata estará lá. Sua companheira está viajando. Ele pode, portanto, ir sozinho à festa. Ele se dá conta de que, se for, se dará mal. Primeiro, Carlos tinha decidido não ir. Entretanto, relendo o convite, apesar de tudo continua cada vez mais com vontade de ir.

...

Inácio é muito claro nos conselhos que dá no caso de tentações. Há somente uma maneira eficaz de enfrentá-las: fechar-lhes a porta imediatamente. Não se deve entrar em diálogo com a tentação. Não adianta procurar um meio-termo. Você sempre vai perder. Se tentamos sentir nem que seja um pouco da doçura da tentação, estamos perdidos. A atração da tentação se torna então rapidamente tão forte que toda resistência desaparece.

A tentação — e isso é natural — sussurra constantemente que somos suficientemente fortes para não ceder e que podemos parar quando quisermos. Contudo, ao final, o poder de sedução é sempre grande demais e sempre somos derrotados.

Quando se identificou a tentação, o melhor é imediatamente dar meia-volta e nem sequer entrar numa conversa com ela. Em geral, a tentação perde então rapidamente seu poder aliciador e podemos passar para outra ocupação. Essa atitude pede modéstia. Espontaneamente, pensamos ser suficientemente fortes para esse confronto e que não precisamos fugir dele. É melhor não agir dessa maneira, assim sentiremos paz e satisfação.

- FALAR DISSO

...
Carlos, o do exemplo anterior, ainda não sabe se irá ou não àquela festa. A tensão interior que sente está no auge. Ele sente ao mesmo tempo a atração de ir e o medo. Continua a se confrontar sozinho. Então decide telefonar para seu melhor amigo, Martinho. Sente-se humilhado e embaraçado com isso, mas faz a ligação. Carlos sabe que Martinho é uma pessoa ponderada e que é um amigo de verdade. Martinho não tem necessidade de dizer muita coisa. Assim que Carlos lhe

explica a situação, Martinho pergunta simplesmente: "E então?" A resposta se torna imediatamente evidente para Carlos. Esta noite, ele vai ao cinema e Martinho também.

▪▪▪

As tentações vicejam melhor no segredo. Têm também a característica de fazer crer de maneira muito convincente que não é boa ideia falar sobre elas com alguém. Seria humilhante, imaturo, esquisito, inútil.

Inácio recomenda exatamente o contrário: contar abertamente a um confidente o que está acontecendo. No mesmo instante, o poder da tentação diminuirá e a tentação será percebida como uma falsa boa ideia.

- AGORA E SEMPRE, OS PONTOS FRACOS

▪▪▪

Margarida foi muito maltratada em sua juventude por causa de sua aparência. Em consequência disso, tem pouca confiança em si, apesar de ter feito uma boa terapia. Já adulta, Margarida conseguiu ter uma bela vida. Contudo, basta que alguém, seja em casa ou no trabalho, lhe faça a menor observação, para ela interpretar isso como alusão à sua aparência e para sair dos eixos.

▪▪▪

Nós nos queixamos por nos deixarmos abater em relação àquilo que sempre nos faz mal. Como isso é possível? Sabemos tão bem onde somos vulneráveis. Será que isso não cessará jamais? A raiva e a decepção diante da estupidez do próprio comportamento podem nos tornar duplamente infelizes.

O conselho de Inácio é tão simples quanto evidente. Não há razão para se surpreender e para ficar inquieto, decepcionado e envergonhado por cairmos sempre na mesma armadilha. Nosso ponto fraco está num determinado lugar e é evidente que é nele que somos atacados. Pode ser que um dia isso seja curado. Pode ser que essa fragilidade vá desaparecendo no correr dos anos ou que a gente aprenda a resistir melhor. Contudo, também pode ser que não.

Se nos aceitarmos, evitaremos uma dor dupla e poderemos mais facilmente conviver com o problema.

VIII
DISCERNIMENTO E FÉ CRISTÃ

O discernimento inaciano dá grande importância aos sentimentos positivos. Será que com isso se sugere sutilmente que devemos olhar com positividade artificial a vida por meio de óculos cor de rosa? Não. O discernimento inaciano se baseia numa convicção de fé.

- UM DEUS DE AMOR

O discernimento, assim ensina Inácio de Loyola, tem uma ligação particular com a fé cristã. O ponto de partida é o fato de crer que Deus ama cada ser humano. Os cristãos creem que Deus é um Deus criador comprometido com cada pessoa humana. Esse engajamento não se limita a uma criação num passado longínquo. Vale igualmente para hoje, aqui e agora. A criação significa que o Criador deixa o ser humano partilhar continuamente o que ele é: a vida e o amor. O núcleo mais profundo de cada ser humano, segundo os cristãos, é o amor. Quanto mais uma pessoa se abre ao Espírito de Deus, tanto mais ela pode experienciar esse amor. A alegria, a esperança, a confiança, por um lado; e o vazio, a irritação ou a raiva, por outro, são geralmente sinais de uma proximidade maior ou menor com Deus. Discernir não é afinal outra coisa senão orientar constantemente nossas antenas interiores em direção ao Espírito de Deus. Dessa maneira, a pessoa pode descobrir aonde o caminho da vida com Deus a leva.

- SEMPRE ALEGRIA. ISSO É POSSÍVEL?

O Papa Francisco, jesuíta e especialista em discernimento inaciano, um dia tuitou: "*No coração do cristão, há alegria. Sempre!*"[1]. Isto quer dizer que, se um dia a gente não se sente feliz, então está agindo de forma errada? Não. Todo mundo tem seus dias maus. Às vezes, há mais dias maus do que a gente gostaria que houvesse. E provavelmente isso acontece também ao Papa Francisco. Seu tuíte não tem nenhum pequeno indicador que diga: "Ah bom, o senhor se diz cristão, e o senhor se sente com raiva, irritado ou triste? Isso não está bem. O senhor não tem vergonha disso?" Efetivamente, a mensagem de Francisco exprime uma fé plena de esperança na presença incessante do amor de Deus no mais profundo da pessoa. A arte e o desafio do discernimento consistem em entrar e ficar em contato com essa profunda interioridade, que é divina.

- TERESINHA DE LISIEUX

A experiência mostra que isso é de fato possível, mesmo em caso de grande dor ou de extremo sofrimento. O discernimento não tira essa dor e esse sofrimento, mas a conexão com a própria interioridade pode ao mesmo tempo trazer alegria e paz. Não é de estranhar que os cristãos chamem o livro de sua fé de *Boa Nova*.

Um exemplo impressionante é o de Teresinha de Lisieux (1873-1897). Teresinha era uma religiosa francesa que com apenas 24 anos de idade estava sendo lentamente consumida por uma tuberculose pulmonar. Ela escreveu a história de sua vida no leito de sua doença. Essa jovem mulher sabia que ia morrer em breve. Sofria muito fisicamente e, o que era ainda mais grave, sen-

---

1   Tuítes do Papa Francisco de 24 de fevereiro de 2017.

tia pouca alegria em sua oração nos últimos meses de sua vida. Contudo, Teresinha estava de tal maneira formada no discernimento que, mesmo naquelas circunstâncias extremas, conseguia continuar conectada com seu núcleo mais profundo, o próprio Deus. Sua autobiografia é um longo canto de agradecimento por todo o bem que Deus lhe deu, mesmo nessa última etapa tão difícil de sua vida.

O testemunho de Teresinha — e de muitos outros — é tão impressionante, que pode parecer inimitável, mas é encorajador e portador de esperança. Mostra a que ponto o discernimento pode ser apurado e até onde ele pode levar mesmo em circunstâncias extremas. Certamente, uma pessoa é mais perfeita que outra. No entanto, também aqui o dito popular de que o treino ajuda a melhorar tem muito sentido.

- NÃO SÓ PARA OS CRISTÃOS

O discernimento não é reservado aos cristãos. O Espírito de Deus não se deixa encerrar numa única fé ou numa só igreja. Os cristãos creem que o Espírito de Deus quer estar presente e ativo em toda pessoa de boa vontade.

Isso também se aplica às pessoas que aderem a uma religião ou filosofia de vida diferentes. Todavia, os cristãos têm uma vantagem. A relação de fé deles com Jesus Cristo, o maior mestre de amor, pode educar de maneira particular o coração deles para se abrir a essa alegria divina.

Para os não cristãos, aplica-se a mesma condição que para os cristãos, a fim de que seu discernimento seja suficientemente apurado e confiável. Também devem cuidar para que seu coração seja formado e enriquecido dentro da particularidade de sua tradição.

IX
DISCERNIMENTO COMUNITÁRIO

Como descrevemos neste livro, o discernimento se situa geralmente no nível pessoal. Trata-se, então, de algo direcionado a uma pessoa que procura escutar sua experiência interior, a fim de encontrar indicações para seu próprio agir.

O discernimento pode igualmente ser feito por uma equipe, uma comunidade, um casal etc. Também nestes casos, pode-se formular a questão do que é importante e desejável. Também se pode tentar encontrar a vontade de Deus por meio do discernimento. O *discernimento comunitário* pode ser um instrumento precioso para fazer uma escolha ou para assumir em comum prioridades para o futuro. Um processo de discernimento comunitário também pode ser aconselhável como dinâmica de aprofundamento[1].

...

> Algumas famílias novas moram no mesmo quarteirão. Como voluntárias, todas estão engajadas no acolhimento de refugiados. Elas já o fazem há vários anos e veem como isso se tornou importante para suas vidas. Começam então um processo de discernimento comunitário para compreender melhor o que as motiva realmente. Vão também discernir sobre a questão de como deverá ser seu engajamento nos próximos anos.
>
> Uma comunidade monástica diminuiu consideravelmente em número de membros no decorrer dos últimos anos. Isso significa que as construções são agora grandes demais. Ao mesmo tempo, há muitas atividades diferentes que os membros da comunidade realizam. Em outras palavras, surge a pergunta se não deveriam assumir novas atividades, em lugar de continuar a fazer o que sempre fizeram.

...

O discernimento pessoal pode não ser sempre fácil. E isso vale mais ainda para o discernimento comunitário. Por isso, convém ter um cuidado especial para formular clara e precisamente a questão sobre a qual se quer discernir, pois é importante que todos os participantes possam se reconhecer suficientemente na questão. São necessários também instrumentos adapta-

---

1 Existe uma organização que propõe um acompanhamento do discernimento comunitário: ESDAC (sigla em francês para: Exercícios Espirituais para discernimento apostólico comunitário) — www.esdac.net.

dos para permitir ao discernimento comunitário desenvolver sua dinâmica própria, pois esta é mais do que a soma do discernimento pessoal de cada participante.

- DIÁLOGO CONTEMPLATIVO

O diálogo contemplativo é o coração do discernimento comunitário. Trata-se de um modo especial de partilhar e de escutar em grupo, muitas vezes numa atmosfera de oração. O diálogo contemplativo se caracteriza pela ausência de julgamento, pelo respeito ao sentimento e às opiniões de cada um, e também pelo caráter não reativo da contribuição de cada um. Concretamente, isso quer dizer que cada participante tem a possibilidade de se expressar sobre seu discernimento pessoal. Os outros ouvem sem reagir. Dessa maneira, o discernimento pessoal de cada um tem um lugar no discernimento pessoal dos outros. Graças à sucessão de diálogos contemplativos, uma dinâmica de discernimento comunitário pode surgir.

- ACOMPANHAMENTO

O discernimento comunitário necessita de um acompanhamento apropriado, de preferência por uma equipe externa de peritos. Eles supervisionam o processo e favorecem especialmente a percepção de linhas ou esquemas comuns que se desenvolvem no grupo graças aos diálogos contemplativos.

- **RELEITURA COMUM**

O discernimento comunitário não deve sempre ter como objetivo tomar uma decisão. A modo de discernimento, pode-se também fazer simplesmente em conjunto a releitura de um período ou de uma experiência particular. Se esse for o caso, é possível tirar disso certos ensinamentos.

...

> Cada dois meses, Paulo e Rose dedicam algumas horas para avaliar juntos a vida do casal e da família. Conciliam o silêncio, as anotações e a conversação. Tentam, assim, ter clareza sobre o que vai bem, o que é mais difícil e que lições podem tirar disso. De comum acordo, Paulo e Rose evitam qualquer tipo de discussão durante essa releitura comum. Eles se escutam. Em geral, ficam surpresos pelo resultado. Agora que seus filhos estão crescendo, Paulo e Rose decidiram fazer os filhos participarem uma vez por ano.
>
> ...

I · II · III · IV · V · VI · VII · VIII · IX · **X**

O DISCERNIMENTO COMO MODO DE VIVER

Melhor que ninguém, Inácio aprendeu a usar seu coração orante como bússola. O discernimento tinha se tornado para ele uma segunda natureza. Ele terminava cada hora do dia com dez minutos de releitura. Dessa maneira, tinha desenvolvido uma capacidade única de perceber em momento real o menor movimento em seu coração. Muitas vezes, tirava disso conclusões imediatas.

- CONTEMPLATIVO NA AÇÃO

Rapidamente, os jesuítas começaram a descrever essa maneira de se portar na vida como *contemplativos na ação*. Isso significa que a gente vive a tal ponto conectado com o próprio interior que está em condições de se deixar guiar por aquilo que o coração diz, mesmo em meio à agitação do dia a dia. Para os cristãos, essa contemplação leva à contemplação a Deus. À semelhança de Inácio, ela permite tornarmo-nos sempre mais sensíveis à presença ou à ausência de Deus e que nos deixemos guiar por ele. Isso é fruto de um longo processo de aprendizagem que exige atenção contínua.

- EM TODAS AS COISAS

Como superior geral dos jesuítas, Inácio de Loyola tinha que gerir permanentemente negócios muito diversos. Certas questões eram de natureza espiritual, mas outras eram puramente materiais ou ligadas à política no sentido mais amplo do termo. Era sempre a arte sutil do discernimento que lhe mostrava o caminho. O Espírito de Deus que dá vida não sopra somente no interior das paredes das igrejas. Pelo discernimento, podemos perceber esse Espírito em todas as coisas da vida.

...

> Joaquim é professor. Sua familiaridade com a releitura lhe permite sentir rapidamente como vão seus pupilos. Muitas vezes, isso determina também a maneira como ele os aborda. Joaquim percebe que Quirino tem dificuldades. Em vez de fazer seus cálculos, fica olhando todo o tempo pela janela. Joaquim sabe que Quirino tem uma situação familiar difícil. Em vez de repreendê-lo, Joaquim lhe bate levemente no ombro e lhe mostra um sorriso caloroso. Depois, durante a recreação Joaquim chama o garoto à parte e o convida a contar sua história. Quando depois, na sala de aula, Joaquim faz

um ditado, Quirino está inteiramente concentrado e com toda atenção na sua tarefa.

■ ■ ■

Já vimos antes como o discernimento pode ajudar a fazer escolhas e enfrentar diversas situações. Mesmo quando não está acontecendo nada de especial, o discernimento pode auxiliar na busca contínua por uma vida boa. Em larga escala, os sentimentos interiores são algo que nos acontece mesmo sem querermos. Em certa medida, contudo, também podemos trabalhar esses sentimentos conscientemente. Inácio ensina como uma disciplina espiritual consciente pode ajudar cada um a se tornar uma pessoa mais feliz.

Podemos decidir atender completamente a certos sentimentos. Podemos também escolher voltar a eles em seguida para nos aprofundarmos neles. Isso pode ser especialmente bom para os sentimentos positivos e duráveis[1]. Tais experiências podem, portanto, fortalecer duplamente a pessoa e sustentá-la. Inversamente, podemos também decidir limitar o impacto dos sentimentos negativos, na medida do possível, e não nos deixar levar por eles. Isso ajuda e evitar que eles nos desgastem inutilmente.

■ ■ ■

Natália ama muito a Jonas. São casados há mais de 30 anos, mas as relações com a sogra Teresa são penosas. Teresa nunca perdoou a Natália o ter-lhe "roubado" seu único filho. À medida que Teresa vai envelhecendo, a agressividade aumenta. Em outros tempos, Natália se sentia prostrada durante dias por tais "ataques". Às vezes, perguntava a si mesma se podia continuar com Jonas. No entanto, com o passar dos anos, Natália aprendeu a administrar a situação. Ela compreende que Jonas não pode ajudá-la. Ele nunca conseguiu resistir à mãe. Se Teresa agride Natália agora, isso continua a fazer mal, mas Natália cuida para que a agressividade da sogra não invada toda a sua consciência. Ela "isola" esses momentos dolorosos do resto de sua vida e assim pode viver sua vida com Jonas.

■ ■ ■

Atualmente, inúmeras pessoas no mundo inteiro aproveitam a experiência de Inácio de Loyola. Discernir é mais do que uma técnica ou um método. Tam-

---

1   Ver cap. II.1.a, "A interioridade afetiva", p. 58.

bém não é um toque de mágica que faz tirar qualquer coisa da manga. É um modo de proceder na vida. No século XXI, também podemos usá-lo. O discernimento é um dom, uma escolha. O discernimento não está reservado para algumas pessoas privilegiadas, é algo que se aprende.

- ATIVO E PASSIVO

Este livro explica o que é preciso para discernir: vida interior e sensibilidade do coração além de método, disciplina espiritual, conhecimento dos fatos, análise intelectual aguçada, paciência e perseverança.

O discernimento pede que a gente mesmo faça tudo o que pode fazer. Ao mesmo tempo, convida a abrir as mãos completamente a fim de poder receber. É, ao mesmo tempo, ativo e passivo. Pede confiança e faz crescer a confiança. A gente descobre sempre mais do que a resposta que é dada. O engajamento da própria pessoa é necessário, mas não é necessário ter que inventar uma resposta ou fabricá-la por si mesmo. No fim das contas, a intuição é algo natural. O discernimento pede que a gente escute a voz que fala no coração. Os cristãos creem que essa voz é a voz de Deus. Ela indica a cada um e a todos o caminho da vida.

POSFÁCIO

Este livro é fruto de decênios de estudo, de formação e de experiência pessoal em matéria de discernimento inaciano, tal como é apresentado no livro dos *Exercícios Espirituais* de Inácio de Loyola. Este livro sobre discernimento não é um livro acadêmico, mas um guia prático, ilustrado com numerosos exemplos. A leitura deste livro não pressupõe nenhum conhecimento prévio da espiritualidade inaciana.

Por isso, decidi evitar todo jargão. O leitor procurará em vão expressões técnicas, tais como consolação, desolação, bom espírito, mau espírito, inimigo da natureza humana, pecado, humildade etc. É verdade que tal jargão permite exprimir nuances e sutilezas precisas que a linguagem ordinária não oferece, mas a experiência me ensinou que muitas vezes o jargão técnico também pode levar a confusões e mal entendidos para os não iniciados. Uso de preferência expressões como: interioridade, sentimento afetivo, sentimentos positivos e negativos, interioridade afetiva, confrontação, receptividade etc. Semelhantes expressões não são usadas por Inácio, mas me parecem mais consonantes com a linguagem e a cultura contemporânea, e, por isso mais apropriados.

Expresso aqui um grande agradecimento a Kathrien Aleva; Emilie Bourgeois; Anne De Coninck; Elsbeth Greven; Marianne Groen; Matthias Kramm, SJ; Jos Moons, SJ; Mark Rotsaert, SJ; Stefan Ram; Bart Sintobin; Sabien Van Dale e

POSFÁCIO

Marcel van Dam, pela leitura crítica do manuscrito e seus preciosos comentários. Obrigado igualmente a Françoise Bouissou e a Jean Hanotte pela leitura atenta da versão francesa do texto.

Outro agradecimento bem especial, enfim, a Paris Selinas, que pôs a arte de seu desenho a serviço deste livro.

Para saber mais sobre espiritualidade e discernimento inacianos

BAKQ, Michel, CHARLIER, Jean et al., *Pratique du discernement en commun*, Fidélité, ²2021.

BARRY, William A. e DOHERTY, Robert G., *Contemplatifs dans l'action. La voie jésuite*, Fidélité, 2010. Trad. bras.: *Contemplativos em ação: o caminho jesuíta*, Loyola, 2005.

BIANCHI, Enzo, *Le discernement*, Fidélité, 2019.

BOUGON, Bernard e FALQUE, Laurent, *L'art de choisir avec Ignace de Loyola*, Fidélité, 2018.

DE JAER, André, *Vivre le Christ au quotidien. Pour une pratique des Exercices spirituels dans la vie*, Fidélité, ²2008. Trad. bras.: *Viver Cristo no cotidiano. Para uma prática dos Exercícios Espirituais na vida*, Loyola, 2009.

DHÔTEL, Jean-Claude, *Discerner ensemble. Guide pratique du discernement communautaire*, Fidélité, 2013.

LORRAIN, Monique, *Discerner. Que se passe-t-il en nous?* Fidélité/Vie chrétienne, 2014.

RUPNIK, Marko Ivan, *Au regard de Dieu. L'examen de conscience*, Fidélité, 2011.

ROTSAERT, Mark, *Les Exercices spirituels. Le secret des jésuites*, Lessius, 2012. Trad. bras.: *Os Exercícios Espirituais. O segredo dos jesuítas*, Loyola, 2017.

- SITES WEB DE ESPIRITUALIDADE INACIANA

prieenchemin.org: podcast de orações bíblicas diárias.

voirplus.org: site web de Nikolaas Sintobin, SJ, com vídeos leigos convidando para uma experiência de interioridade.

jesuites.com: site da EOF (Província Jesuíta da Europa Ocidental de língua francesa) abrangendo as diversas proposições de espiritualidade inaciana.

Edições Loyola

editoração impressão acabamento

Rua 1822 nº 341 – Ipiranga
04216-000 São Paulo, SP
T 55 11 3385 8500/8501, 2063 4275
www.loyola.com.br